NINE MINUTES ON MONDAY

THE QUICK AND EASY WAY TO GO FROM MANAGER TO LEADER

McGraw Hill

九分钟领导力

从管理者到领导者的九项修炼

[美] 詹姆斯 · 罗宾斯（James Robbins） 著
田科武 译

中国教育出版传媒集团
高等教育出版社 · 北京

图字：01-2023-2251 号

Nine Minutes On Monday: The Quick And Easy Way To Go From Manager To Leader James Robbins
ISBN: 9780071801980

图书在版编目（C I P）数据

九分钟领导力：从管理者到领导者的九项修炼 /（美）詹姆斯·罗宾斯（James Robbins）著；田科武译. —北京：高等教育出版社，2024.2

书名原文：Nine Minutes on Monday

ISBN 978-7-04-061399-5

Ⅰ. ①九… Ⅱ. ①詹… ②田… Ⅲ. ①领导学 Ⅳ. ①C933

中国国家版本馆 CIP 数据核字（2023）第 231621 号

JIU FENZHONG LINGDAOLI

策划编辑 龙杰 周睿　责任编辑 徐群森　封面设计 曹春 李小璐　版式设计 于婕 曹春
责任绘图 邓超　责任校对 张薇　责任印制 耿轩

出版发行	高等教育出版社	网　　址	http://www.hep.edu.cn
社　　址	北京市西城区德外大街 4 号		http://www.hep.com.cn
邮政编码	100120	网上订购	http://www.hepmall.com.cn
印　　刷	鸿博昊天科技有限公司		http://www.hepmall.com
开　　本	880 mm× 1230 mm　1/32		http://www.hepmall.cn
印　　张	8.375		
字　　数	150 千字	版　　次	2024 年 2 月第 1 版
购书热线	010-58581118	印　　次	2024 年 2 月第 1 次印刷
咨询电话	400-810-0598	定　　价	68.00 元

本书如有缺页、倒页、脱页等质量问题，请到所购图书销售部门联系调换

物 料 号　61399-00

献给我的妻子凯莉。

有了你，我的人生才完整。

引　言

如果有人让你用水喷他，永远不要拒绝

我永远不会忘记那个愤怒的高尔夫球手。当时他站在离我只有几英尺远的地方，冲我大声嚷嚷，问我有没有胆量用水喷他。那一年我 17 岁，在海伍德高尔夫乡村俱乐部做事。因为当天球场的喷灌系统出了问题，老板便让我开着车在球场四处转悠，以人工方式浇灌果岭。水罐车能喷出 30 至 40 英尺远的水流。在炎热的八月，开着水罐车在各个球洞间穿梭，真的是一份美差。冲突发生在第 14 号果岭。我记得四位先生正在走向果岭准备排队推杆，这是我停止浇水的信号。就在我关掉水枪走回洒水车时，不小心将水溅到了一位先生的高尔夫球袋上。如果不是有一位高尔夫球手冲我大喊大叫，满脸怒气地向我走来，我还发现不了出了问题。

“你把水弄到我球袋上了！”他冲我嚷嚷道。我有些惊讶，做了大多数在高尔夫球场工作的 17 岁孩子都会做的事——诚恳地向他道歉，告诉他我之前没有看到那个球袋，并承诺不会再

发生这样的事。对于这位着粉色POLO衫的高尔夫球手来说，我仅仅道歉显然是不够的，因为他继续站在我面前，没完没了地冷嘲热讽，那种尖酸刻薄，怕是只有在他连续13洞都表现失常时才会有吧。

我一直很有教养，打小父母就教我懂得尊重和谦逊的价值，所以我很自然地再次向他道歉。毕竟，那时候顾客永远都是对的。我的道歉虽然很真诚，但似乎还是进一步激怒了他，因为接下来他冲我大声咆哮，问我有没有胆量往所有的球袋上喷水。我清楚地记得他冲着我嚷："去把我所有的球袋都喷上水！"

不管是发生在哪个球场，这样的行为肯定会引起关注。愤怒的高尔夫球手的三位朋友在一旁静静地围观，面带惊讶和一丝尴尬之色。除此之外，在几英尺外的12号果岭及15号发球台上，也分别聚集起了一批观众。这有点像发生在中学时的情景。我等待着围观的人群中发出这样的喊叫声："动手啊！动手啊！动手啊！"

我是一个在乡村长大的好孩子，但我必须承认，我的谦卑也是有限度的，愤怒的高尔夫球手已经逼近了我的极限。当他继续激我，问我敢不敢把剩余的几个球袋都喷湿时，我看着他，手里握着那根粗大的软管，平静地说："或许我应该喷你。"

还记得那些动画片吗？片中兔八哥与猎兔人卷入"全面战争"，猎兔人总会在某个时刻愤怒到失去理智——他满脸通红，耳冒蒸汽，眼睛充血。我现在面对的就是这样的情况，这位高尔夫球手暴怒了。

“什么！！！喷我，喷我呀！来啊，我谅你也不敢。你喷啊！”

在他疯狂地挥动双臂大发雷霆时，我有一刻没有理他。我抽出神儿来想象接下来几分钟会是什么样子。“只要我转动软管上的喷嘴，水就会从洒水车上喷射而出。喷射出来的水可能把他掀倒在地，让他四脚朝天躺在新修剪的果岭上，可爱的粉色 POLO 衫上沾满剪下的碎草。他可能向我冲过来，一场大战十有八九会打起来。我会被俱乐部炒鱿鱼，但这样做可能是值得的。”

但后来我想到了上大学，想到我多么需要这份工作来支付我的学费。想到这里，我从白日梦中醒了过来。对于他要我喷他的要求，我只是简单地回了一句：“我不会喷你，因为我不像你那么愚蠢。”说完，我就离开了球场。

直到今天，我对此事仍后悔不已！

事后看来，我当时的做法，可能是对的。但如果我按他的要求喷了他一身，不也是一个精彩的故事吗？有趣的是，人们一生中的遗憾，大多来自他们没有做的那些事情、没有把握住的机会或者规避掉的那些风险。我还记得仅仅几年后，在我上大学的时候，有人邀我参加在当地教堂举办的一个有关领导力的会议。老实说，我对领导力一无所知，甚至不知道我能否胜任做一名领导者。我同意去参会，但并不知道自己即将踏上学习如何领导他人的毕生旅程。事实上，这是我时至今日仍在进行的一段旅程。

领导者是人生中最困难，虽然有时令人沮丧，却能给你回报和满足感的角色之一。我真诚地相信，领导不仅是一种特权，而且是一个人可以拥有的最高使命之一。无论你领导的是一个国家、一家公司，还是收发室的两名员工，领导者职位带来的激励、鼓舞、指导及服务他人的机会，都是非常令人兴奋的。领导他人是一段旅程，需要持续关注，以避免停滞不前。由于今天的管理者面临着巨大的压力，我们必须继续发展、不断改进和重新塑造自己，这通常需要我们长时间生活在自己的舒适区外。在我生命中的某些时刻，我发现自己陷入了安全且可预测的常规中——我的领导力似乎处于自动驾驶状态。现在回想起来，这些时期留下的记忆最少，获得的成长最少，产生的影响很可能也是最小的。身为领导者，我们对自身的职位不能掉以轻心，否则会带来巨大的风险。如果你立志成为对他人有巨大影响的人——虽然旅程很艰难——你会发现，这段经历非常有意义，我知道你是不会后悔的。

我不知道是什么让你选择阅读《九分钟领导力》这本书，但我希望，通过阅读本书，你不仅能从中得到鼓舞，还能找到实用的方法，帮助你带领员工达到更高的高度。如果你接受书中的原则并运用它们影响你的哪怕一位员工，本书的目的就达到了。我发现，写作是一件艰苦的工作，但如果本书能助力你的领导之旅，那么，在我回顾写作历程时，我就知道，我的努力是值得的，并且可以满怀信心地说："我没有遗憾。"

享受你的阅读之旅吧！

1.2.3.4.5.6.7.8.9.

目　录

第三部分

五大次要需求

9分钟

第一部分
三条真理

PART 1

The Three Truths

第一章

为什么登山家成了糟糕的登山向导

领导者的任务，是带领部下从现在的位置，到达他们没有抵达过的地方。

——亨利·基辛格

会议只持续了短短几分钟。

在海拔 20,000 英尺的山腰上闲坐着，可不是一个好主意。萨哈马是玻利维亚境内最高峰，也是西半球最高峰之一。此前我们一直在它的西南侧稳步攀登，此时时间已近晌午，我们离成功登顶还有 1,500 多英尺的垂直高度。我们非常疲惫，似乎无法继续前进了。我们的向导奥斯瓦尔多用无线电呼叫大本营，通知那里的人们，我们已经停止攀登，要坐下来做个决策。选择很简单——是继续向峰顶进发，还是放弃登顶返程下山？现在，是否登顶萨哈马的决定，掌握在领队手中。

为了登顶萨哈马，我们已经在玻利维亚待了近三个星期，在那里进行爬山训练，适应当地的环境。当天凌晨 2:30，我们在夜色的笼罩下，离开了海拔 18,000 英尺的高营。我们一行五人，彼此用绳子连在一起，在帽灯的照明下，一直向着冰河的方向缓缓地向上移动。太阳升起之前，队员杰克已经感到很吃力。领队约翰评估之后，决定带杰克回大本营。由于领队要离开陪杰克回大本营，现在要登顶的就只剩下我们三个人了——来自北卡罗来纳州的 33 岁的吉姆，玻利维亚登山向导、接替约翰担任领队的奥斯瓦尔多，还有我。

当我们行进到积雪层的时候，发现满地都是形似尖塔、直指天空的小雪峰，这种小雪峰在南美洲很常见。我们艰难而缓慢地向着峰顶攀登，鞋底的铁冰爪插入冰雪之中。但峰顶在哪里，我们却看不见。在这样的高度登山，会对人的身体带来伤害。日出之后，当吉姆艰难地继续行进时，他开始感受到了这种不利影响。看得出来，吉姆已很疲惫，因为他一再停下来，并抱怨这山实在是太难登了。

吉姆的意志被一点点消磨，开始感到精疲力竭。不过，对于吉姆和我来说，问题在于：我们有两个人，却只剩下一个向导和一段登山绳子。如果吉姆现在就放弃，我们都得返程下山，我们登顶的探索就结束了。对此，吉姆是知道的，所以他尽力往前移动，但是我开始怀疑他能否坚持到最后。吉姆现在需要的是动力。对他真正有用的，是一位跟在他身后和他一起登山的励志演说家。很不凑巧，他身边只有我一个人，不过我知道该怎么做。接下来的一个小时里，我持续用鼓励的话来激励他，寻找任何能让他继续前进的理由。

后来，大概上午 10 点左右，问题出现了。我感觉像是有人从后面偷偷爬上来拔掉塞子，放空了我所有的能量似的，我的双腿感觉像是沉重的树干，一种无法抗拒的疲惫感向我袭来。因为早些时候炉子出了点故障，我们没烧足够多的水。由于饮水不足，我们的身体开始产生脱水的感觉。之后不久，我开始质疑自己是否具有登顶的能力。随后，我的疑问开始侵蚀我登顶的欲望，疼痛的身体把我的思绪转移到大本营里等待我的羽绒睡袋之上。我现在的欲望不再是征服萨哈马山，而是结束这种痛苦。

现在，我遇到了一个问题。如果我放弃了，那么这次登山探险就失败了，我就成了失败的罪魁祸首。我甚至想到，这个故事可能成不了一次好的演讲。当我寻求摆脱困境的方法时，一个极富创意和创新性的解决方案浮现在我的脑海中。正如人们所说，需要乃发明之母。

“我没有必要放弃。”我这样说服自己，感觉大脑有些供氧不足，“我只需要吉姆放弃就可以。”因为如果吉姆放弃了，我也可以放弃，这样我放弃登顶返程下山就显得很体面。我还可以回家告诉我的朋友们，我差点就到峰顶了，只是因为那个家伙拖了我的后腿。我当时也认为，我可以比他坚持更长时间，因为当时我的身体状况很好。基于此，我鼓励吉姆继续坚持的话越来越少，两人间的距离也越拉越大。毕竟，我真的不想激励他继续前进。不过，我知道吉姆意识到了危险何在，他不想让我失望，我知道他心里的想法——我很惭愧现在说这个，但我当时做了一件非常糟糕的事情——我为吉姆把门开得更大了一些。我决定，在我们进行某次短暂休息时，我会同意他放弃登顶。“听着，如果你需要返程下山，我没意见。”

我认为奥斯瓦尔多觉察到了这一切，这是他决定停下来召集会议的原因。最近几个小时，我们的速度慢下来了，态度变得越来越消极。我想吉姆和我都想放弃，但我们谁都不想成为第一个建议放弃的人。为防止下滑，奥斯瓦尔多将鞋底钉深深插入雪中，连接上无线电，用他那浓重的玻利维亚口音向大本营发出了一条信息。

“大本营，客户们已经很累了。我们将决定下一步的行动，是继续登山，还是掉头返回大本营。”

我们就地坐了下来，脚下几千英尺是阿塔卡马沙漠，微风拂过的声音，像是在嘲笑这座山峰。传奇橄榄球教练文斯·隆巴迪曾经说过：“疲惫让我们所有人成为懦夫。”是的，我们此时就是懦夫。我们深信，自己已达体能极限，渴望回到大本营的炉火旁。继续攀登需要的体力，已经超出我们的身体状况。我们这次探险的命运掌握在我们的领队——奥斯瓦尔多手中。如果继续往上攀登，他得拿出点非比寻常的招数。

怎样才能让他人去做他们认为自己做不到的事情？当人们认为自己已达极限时，怎样才能激励他们做得更多、更好？我们可以激发他人的动力吗？抑或是，动力只能来源于个体自身？

在我们深入探讨这一问题前，先来思考另外一个问题：奥斯瓦尔多被雇来是干什么的？

登山家如何成为登山向导？

在成为登山向导之前，奥斯瓦尔多是一名很有天分的登山家。谁会在高海拔山峰上将生命托付给一个没有能力带领他们的人？我肯定不愿意。当奥斯瓦尔多仅仅是一个登山家的时候，事情要简单得多。作为一名登山家，他只是简单地登山，到达峰顶是他唯一的目标。随着攀登技术不断提高，他登顶的次数随之增加。他的成功很容易定义——登上峰顶并安全返回，和大家分享自己的故事，同时享受过程中的乐趣。对登山家奥斯瓦尔多来说，山峰本身就是他需要面对的挑战，也是他体力和注意力的焦点。随着时间的推移，他的登山技术给人留下了深刻的印象，有人便建议他考虑当一名登山向导。与其简单地登山，为什么不通过帮助他人登山而获得报酬呢？帮助他人登山，相当于登山界的一线管理。

对于奥斯瓦尔多这样优秀的登山家而言，这是一个自然而然的变化，但这需要他在思维方式方面作出巨大转变。对奥斯瓦尔多而言，当向导意味着峰顶不再是他体力和注意力的焦点，到达峰顶只是他的新工作——激励登山者——完成好坏的一个副产品。奥斯瓦尔多的登山经验有利于他完成新工作。因为他有过登山经历，所以能理解登山对人的要求，以及登山对人的心理和身体产生的影响。但单纯的登山经历，并不会让他成为一名优秀的登山向导，因为向导的任务不是自己登山，而是帮助别人登山。

现在，让我们回到本章的问题上来：雇用奥斯瓦尔多是干什么的？

如果就此问题提问一队登山者，你会听到各种不同的回答，比如：保证登山者安全，激励登山者，让旅程愉悦。虽然这些都很重要——特别是保证安全那一项（你要是不信，不妨问问我的母亲）——但在奥斯瓦尔多看来，他被雇来最终只是为了一件事情——把人们带上峰顶。尽管还有保证安全、让客户愉悦等其他要素，但一名登山向导的成功，主要取决于他将雇用他的人带上峰顶，并带他们安全返回。

事实上，把人们带上峰顶有点像他的记分板，这是他受雇最终要做的事情，决定了他是否成功。毕竟，你想和一个从未把任何人带上峰顶的向导一起登山吗？更糟的是，你想和一个从未带任何人安全返回大本营的向导登山吗？如果奥斯瓦尔多成功与否主要取决于他的客户是否登上峰顶，那么在这个等式中，谁更重要呢？奥斯瓦尔多？还是雇用他的登山者？如果你认为是登山者，那么你答对了，原因在于，虽然奥斯瓦尔多是一名出色的登山家，但是，他并不是受雇来登山的，而是受雇来帮助他人登山的。

让我们暂时离开登山进入工作场所吧。作为管理者，你手头毫无疑问总有干不完的待办事项。不过，对于你来说，重要却难以回答的问题是，你被雇来是做什么的？成为优秀管理者的秘诀在于，能正确回答这一问题。优秀管理者必须像我们的朋友奥斯瓦尔多从登山家转变为登山向导时一样，做出巨大的转变。

你被雇来是干什么的?

你的首要工作是创造业绩，不管是什么样的业绩。在你成为管理者前，你被雇来也是要创造业绩的，但那时的情形，与你成为管理者后是不一样的。那时，你的注意力主要放在一系列任务上。经过一段时间后，这些任务会创造某个特定的结果。作为管理者，你被雇来仍然是要创造业绩的，不过，现在真正创造业绩的人不是你，而是你的员工。你必须完成的重大转变，是从自己登山变成帮助他人登山。作为管理者，公司雇用你，是让你通过你的员工创造业绩。因为你的成功取决于你领导的员工所创造的业绩，所以你需要尽自己的最大能力，帮助他们尽可能地成功。

当我们坐在海拔 20,000 英尺的地方，疲惫不堪，脱水严重，想要放弃时，奥斯瓦尔多不能仅仅是一名登山家的角色。我们此时需要的是一名登山向导，一位领导者。当我们的登顶目标岌岌可危时，他得想办法动员和激励我们——集合我们所有的力量，用以应对眼前的挑战——萨哈马峰顶。

领导力是动员和激励人的艺术和科学。把我们带到海拔 20,000 英尺的地方的东西——无论它是什么——不足以将我们带到海拔 21,463 英尺的玻利维亚之巅。我们需要付出更多。但是，由于我们认为自己已达垂直高度极限，要想继续向上攀登，就要依靠这名曾是登山家的登山向导的出色领导力了。

这正是本书要探讨的主要内容。首先，作为管理者，你如何让员工做到最好，从而让他们登上峰顶？其次，你如何实现登顶的目标，以便让你的员工享受一次愉快的旅程，并希望在你的带领之下再来一次？最后，处在充满挑战的环境中，你的日程已经非常繁忙，让你有些应接不暇，就像有人为你的跑步机设定的速度，比你能应付的速度每小时快了几英里，你如何才能实现这个目标？在这个全新的经济背景下，世界各地的管理者都面临着寻求解决这些问题良方的压力。在阅读本书的过程中，你会了解到一个简单的体系，它可以帮助你发挥出员工的最佳潜能，使他们在不过多增加你工作时长的情况下创造你想要的结果。书中的九条原则，将激发团队成员的敬业度、积极性、士气和相互信任，从而提高效率和生产力。

在我们深入了解这九个原则之前，我想先向你介绍一种看不见的力量，这种力量可以正面放大你在直接下属中的影响力。一旦你理解了这一根深蒂固的心理学原则的运行机理，你会更有动力成为一名卓越的领导者。

领导力真理（一）

登山家自己登山。

登山向导帮助他人登山。

转　化

你被雇来是创造业绩的。

你的业绩是由你领导的员工创造的。

所以，为了创造业绩，你的工作是帮助员工尽可能地成功。

第二章

为什么好人会遵从糟糕的命令

每一个人自由地选择效忠的人，并在服从中找到自由。

—— 玛丽 · 理查

1996年5月11日，8名登山者遭遇可怕的风暴，命丧珠穆朗玛峰上段。许多因素共同作用导致了当天悲剧的发生，其中之一是向导没有遵循返程时间要求，这一错误导致登山者在太晚的时间滞留在过高海拔的位置上。在攀登珠穆朗玛峰这样的山峰时，应该在午夜时分离开高营，沿着山脊在黑夜中前行，以期在第二天10点左右至中午前到达峰顶。登山向导会设定严苛的返程时间，这个时间是队员攀登的最后时刻。返程时间一到，无论你身处何处，都必须立刻下山。返程时间应该是不容更改的。如果你的返程时间是上午11点，到了11点，不管你在哪儿，最好立即掉头下山。登山者距离峰顶只有几百英尺的距离了，由于返程时间已到，他们不得不放弃登顶的梦想，连同放弃的还有为了实现梦想而预先支付的4万美金，这样的故事不胜枚举。可以想象，在这样的情形下，登山向导可能极其不受欢迎。但生命攸关的时刻，总得有人执行“法律”。

在5月那个致命的日子里，在珠穆朗玛峰上，有些向导没有执行返程时间要求，结果他们带领的客户遇到了猛烈的风暴。这场风暴夺去了9个人的性命，来自得克萨斯州的医生贝克·威瑟斯等人被严重冻伤，并因此出现身体虚弱情况。虽然如此严重的悲剧很少发生，但如果向导行使了他们的权力，不管返程决定有多么不受欢迎，早点带队员们下山，悲剧发生的可能性就会降至最低。如果登山者遵循时间要求，他们很有可能在风暴来袭之前抵达安全的高营。很不幸，现实不是这样的。在山上，登山向导有最大的发言权。

如果我告诉你，你是公司中最重要的人，那会怎么样？你可能不相信我的话，而且理由很充分，因为这可能不是真的。虽然你可能不是整个公司中最有影响力的人，但在某个非常重要的群体中，你的影响力是最大的，这个群体就是你的直接下属。这可能难以理解，但接受这一点对于提升你的管理有效性非常重要。在你所在的公司里，没有任何人能像你那样对你的直接下属产生那么大的影响。首席执行官、首席财务官、首席运营官，以及公司董事长可能拥有很多组织权力，但日复一日，在你直接下属的职业生活中，对他们影响最大的人是你。由于某种深层社会习惯，有一种无形的力量使得你的言语和行为具有分量。这种无形力量的威力在一个我称之为“加权关系”的原理中得到体现。

让无辜者遭受痛苦

美国心理学家伦纳德·比克曼曾就权威和服从的影响做过一项有趣的研究。在该实验中，比克曼让人拦住街上的路人并对他们说："嗨！你看到停车计时器旁边的那个人了吗？他超时了，但是身上没有零钱，你去给他一角硬币吧。"那人说完便转身离开。比克曼随后重复了这个实验，拦住路人的还是之前那个人，只不过这一次他穿上了保安制服。

结果令人惊讶：拦路人身着便服时，只有 42% 的人按照他的要求做了；同样的拦路者，当他穿上保安制服后向路人发出请求时，高达 92% 的人按要求做了。

1955 年，心理学家斯坦利·米尔格拉姆做了一个有趣的实验。设想一下，在 1955 年，你自愿参加了他的研究，被带到一个房间与你的搭档（另一个志愿者）见面。你被告知参加这个实验是有报酬的，你要担任的角色是教师，而另一个志愿者是学生。你们两个人在不同的房间，只能通过内部对讲系统进行联络。你要对另一位志愿者提问。他每答错一次，你就电击他一次。电击是通过一台外观复杂的机器实施的，机器与电极的一端相连，另一端绑在你搭档的胳膊上。（我们每个人心里可能都有这样一个人，我们想和他搭档进行这个实验，不过我们还是不要继续往下想了。）

你面前的这台"电击机器"上有一系列按钮，连续按顺序按下按钮，电压会逐渐增加，起始电压是 15 伏，最大电压高达 450 伏。对方每答错一次，你被要求提高电击的电压一次。

当你在机器前落座时，和你同处一室的只有一名身穿白色实验服的研究人员。起初实验十分顺利，一旦你的搭档把问题回答错了，你就要按指示进行一次电击。当通过内部对讲系统听到对方发出“哎哟”的声音时，你会感到不安。实验继续进行。他继续回答错误，电击的强度继续增加，他痛苦的叫声也相应升高。显而易见，每一次电击都会给你的搭档带来痛苦。当电压升到 120 伏后，实验中的“学生”冲着内部对讲系统大喊：“结束吧！让我从这里出去，让我从这里出去，求求你们了，让我出去！”

你转头看向研究人员，希望他中止实验。他只是简单地回答说：“实验必须继续进行！”这让你感到惊讶。此时你会怎么做？听从研究人员的安排，还是告诉他，你拒绝让不想继续参加实验的无辜者遭受痛苦？

如果你和参加这个实验的大多数人一样，你会不顾学生的请求，继续实施电击。事实上，约 2/3 参加这项研究的人会继续电击他们的搭档，直至电压升至 450 伏。更让人惊讶的是，40 名受试者中，没有一个人在受害者第一次要求退出实验时，或者后来乞求让他们退出实验时，拒绝实施电击。当电压升至 300 伏时，几个受试者终于“退出”实验，不再听从研究人员的要求。

在你感到过度惊恐前，应该先了解一些事实。那位学生志愿者——被电击的那个人——其实是一位被雇来扮演该角色的演员。但是受试者们对此并不知情，所以，在受试者看来，他们真的在电击那位答错的学生。米尔格拉姆想要探究的是：出于工作的需要，人们愿意让一个无辜者遭受多大的痛苦？

该研究的结果让人感到震惊和不安，自此之后的其他研究也获得了类似的结果。为什么一个心理健康的正常人会有如此的行为？该实验及其他类似实验揭示了“加权关系”所具有的强大社会力量。

无论是保安让你把一枚一角硬币投入停车计费器中，研究人员要求你对他人进行电击，还是老板要求你加班半小时，当权威人士要求我们做某事时，某种难以言喻的力量就会作用于我们。从我们小时候起，我们就被教导要听从权威的话，并服从权威，这并不是什么坏事。事实上，如果不服从权威，我们的社会就无法运转。因为这种观念已经深深植根于我们的心理中，所以，老板、经理、教练及老师等权威人士，在影响我们的生活方面，具有特殊的影响力。如果你不相信我，下次当你觉得老板应该换一种做事方式时，去告诉他或她改变吧。告诉同事该做什么，甚至向他们提出建议，你可能不会有问题。但涉及给上司提建议，我们就不得不克服无比巨大的内心障碍，才能有胆量把想说的话说出口。

我们生活中的权威人士会对我们产生影响，因为我们天生愿意接受他们的影响。你或许能告诉我你为之工作过的每一个老板的名字、为之效力过的每一位主教练的名字以及每一位小学老师的名字，但你可能想不起所有的同事、队友或同班同学的名字，背后的原因正在于此。领导者成为我们人生故事的一部分，他们能为我们留下美好的回忆和经历，也能为我们留下糟糕的回忆和经历。

同样，仅仅因为你拥有的头衔，你的直接下属很自然地愿意接受你的影响。这种观念自他们两岁之时起就在头脑里根深蒂固地存在着。一些人称之为职位权威，但加权关系的概念比之意义更加丰富。加权关系并不意味着以势压人，而是因为职位本身而使你获得潜在的影响力。许多人滥用这种力量伤害他人，但是正直的领导不会将加权关系视为一种资产，而是将之看成一种巨大的责任。

懂得加权关系原理的领导者，会认真对待领导他人的责任，知道自己能提高或降低他人的生活品质。诚如一位友人对我所说的那样，“从事什么样的工作，没有你为谁工作重要。”她的话获得了数以百万计的人的共鸣。萨拉托加研究所的一项研究发现，管理者的行为是决定员工工作场所幸福感的首要因素。盖洛普进行了一项长达 25 年的研究，访问了 1,200 万名员工，结果发现，员工与管理者之间的关系很大程度上决定了员工在机构供职的时间长短。老话说的没错，“员工辞掉的不是工作，而是老板。”

这也意味着，反过来也是如此。很多人热爱他们的工作，是因为他们喜欢为其老板工作，老板代表的是整个公司。

有一次，在为一家大型能源公司做培训时，我记得有些管理者对公司赞美有加，而另一个管理者却对我说公司非常糟糕，他预测发完奖金后会出现大规模离职潮。对同一家公司，有着如此多元的看法，我记得当时我很吃惊。对同一家公司，会有如此不同的评价，这里到底发生了什么？后来才发现，这都归结于对员工管理方式的不同。我们都听说过人们因为不能忍受老板而从好公司辞职的故事。反过来，我们也看到人们继续留在运转不良的公司，因为他们喜欢为自己的老板工作。

说到管理者的影响，我们需要密切关注如下领域：

1. 方式： 每个人都有自己特定的做事方式。不论你称其为个人品牌还是个人文化，关键在于：每个人都有自己的领导方式，该方式受到个人信仰、价值观及过往经历的影响。管理者的领导方式当然会外溢到团队中，并帮助其在公司内部形成一种迷你亚文化。这有点像当小市镇的市长，你的每一个直接下属都生活在你的管辖范围之内。居民更关心当地社区发生的事情，而不是所在地区或州发生的事情。问题是：生活在你的市镇是一个什么样子？我们可能是最没有资格回答这个问题的人，因为当局者迷嘛。这正是 360 度全方位反馈评估——如果正确实施的话——是一个有用工具的原因，因为它能让我们了解，处于我们的领导之下，员工的生活是个什么样子。

2. 语言： 管理者的话对员工具有影响力。一项研究发现，57% 的员工更愿意从直接上司那里获得表扬，只有 21% 的人更愿意得到公司高层的表扬。有趣的是，同样的表扬，从直接上司嘴里说出来，比从公司首席执行官嘴里说出来，对员工更有意义。你的老板是否曾经对你说过真正友善且令你振奋的话？希望是这样。在结束一天的工作回到家后，你很可能把这些话分享给你的配偶或另一半。我们对直接下属所说的话，会影响他们回家后的心情，甚至会影响他们分享给爱人的内容，这是不是很神奇？在我的研讨会上，我经常要求学员回答是否有过这样的情况：因为老板的缘故，他们回到家时心情不佳？这时，大多数学员都会把手举起来。我不知道你的情况如何，但是，在刚刚担任管理者时，我从没有主动要求承担那么多责任。不过，随着时间的推移，我认识到，责任是领导者角色的全部内容。

3. 行为和态度：最后但同样重要的一点是，你的行为和示范会对你的员工产生巨大的影响。如果员工发现某位同事工作懈怠，这肯定会让他们非常生气。但是，如果他们发现你工作偷懒，影响会截然不同。如果你的某个团队成员上班时心情不佳，除了问一句“他今天怎么了”，其他人不会多想。不过，如果老板上班时心情不好，消息很快就会传遍整个团队，故而每个团队成员都会小心翼翼，避免招惹老板。

二十出头的时候，我第一次真正获得了领导很多人的经历。我负责的团队有 50 人左右。我的团队表现不佳，士气不高，不断有人跳槽。尽管我付出了努力，形势似乎并没有好转。当然，我的立场是，将我们的困境归咎于团队周围的环境。

我的时任老板鲍勃是一位睿智而严苛的领导者。为了扭转局面，鲍勃决定每天召开团队会议，我也要参加。第一天，在我们落座后，鲍勃先是讲了一些领导力原理，之后转身面向我，开始公开挑战我的职业道德和工作热情。他说话很苛刻，房间里的每个人都为我感到难过。但同时他们也松了一口气，因为老板批评的不是他们。

第二天，又到了团队会议的时间，我决定换一把椅子坐，我认为我经常坐的那把椅子不吉利。很快我就发现，这跟我选择坐哪把椅子没有关系。会议进行到一半，鲍勃又把我挑了出来，要求我采取行动扭转局面。第三天的时候，我开始厌恶每日的团队会议，也开始讨厌鲍勃了。当天，他又一次对我予以了“特殊关照”。

有趣的是，鲍勃当时从未想过与我的团队成员碰面，将他挑战我的那些话讲给他们听，那是因为鲍勃了解加权关系的力量。他知道，如果他能把我调动起来，我就能把我的团队调动起来；如果他能重新点燃我的激情，我就能重新点燃团队成员的激情。当我想把团队面临的困境的责任归咎于他人或其他因素时，鲍勃让我明白，我的团队成为现在的样子，要么是我把他们带成了这样，要么是我允许他们变成了这样。不管是哪种情况，我都要承担责任。这看起来可能难以接受，但作为管理者，理解这一点是十分重要的。越早对团队负起责任，你就能越快行动起来，找到解决问题的办法。

当管理者意识到自己对员工的生活会产生影响时，他们很难不感到清醒、受到鼓舞。感到清醒，是因为他们肩负着出色领导他人的巨大责任，以提高员工的生活品质，而不是降低员工的生活品质。受到鼓舞，是因为他们拥有帮助员工变得更加出色的绝佳机会。这种神圣的信任肯定会激励他们全心投入到管理者的角色之中，渴望自己的领导力达到更高的水准。最优秀的领导者把全部心思放在影响他人的实践之上。为了做到这一点，领导者必须掌握职场员工的九大需求。

领导力真理（二）

登山的时候，登山向导对登山者的生命负有责任。

转　化

作为领导者，你的身上肩负着巨大的责任。你可能给你领导的员工的生活带来难以置信的影响。努力成为一名卓越的领导者。

第三章
九大需求

领导力源于对被领导者需求的了解。

——玛丽安·安德森

第三章

九大需求

我是在落基山脉山麓的一个农场长大的。即使在一个六岁男孩的眼里，那里的风景也非常秀丽。能与之媲美的，是夜幕降临后繁星点点的洁净苍穹。北斗七星总是特别显眼，大人们教会我如何借助它找到北极星。过去几个世纪以来，有多少船员利用这些空中灯塔在公海上航行？只要天空晴朗，星星就会展现在人们面前。它们忠诚而永恒，充当船员的地图，每天晚上指引着他们回家。

变化的速度、不同代员工合作共事、领导和激励他人所面临的挑战，一直是人们津津乐道的话题。诚然，变化是一种客观事实，但我们也应该知道，人类境况中驱动卓越表现的原则，如同北极星一般，始终保持不变，不管人们的种族、宗教信仰、文化和世代如何变化。这些原则，其核心是人类的根本需求，是所有伟大成就的关键。过去几十年里，心理学、社会学、神经科学、人类行为学等领域的研究，开始揭示这些促进人类卓越表现的原则。借助不断增加的研究成果，一张地图开始浮现，就像天空中的繁星一样，这张地图事实上已经存在了一千多年。尽管我们的世界在不断变化，但这些原则仍是普遍适用的。它们已经融入我们人类这一物种的骨髓，任何希望帮助他人开发其潜能的人都可加以利用。这些原则实际上是人类的需求。其中的有些需求，是我们与生俱来的，而另外一些需求，则是我们在成长过程中逐渐产生的。透过我个人的研究以及多年来帮助其他领导者激发员工最好表现的经历，我发现了人类的九大核心需求。这九大核心需求一旦得到满足，就会激发出员工的敬业精神和卓越表现。

不妨将这些需求视为开关，每打开一个开关，就会释放出人的一部分潜能。打开的开关越多，人们表现提升的可能性越大。那些在缺乏动力、士气低落的场所工作的员工，有些人的九个开关中，被打开的很少——如果有开关被打开的话。另一方面，如果某个机构的员工动力十足、忠于职守、投入敬业，你会发现，该公司的管理者帮助员工满足了接下来我们即将探讨的九大需求中的大多数需求。

不过，与真正的开关不同，这些需求不可能只满足一次，之后就将之抛到脑后。正如我们必须持续满足自己的吃喝需求一样，这九大需求也必须持续予以满足。

因为这九大需求并非完全一样，所以我将它们分成两组，第一组的四大需求最为重要，其余五个需求对于工作场所的卓越表现亦不可或缺（参见图 1）。

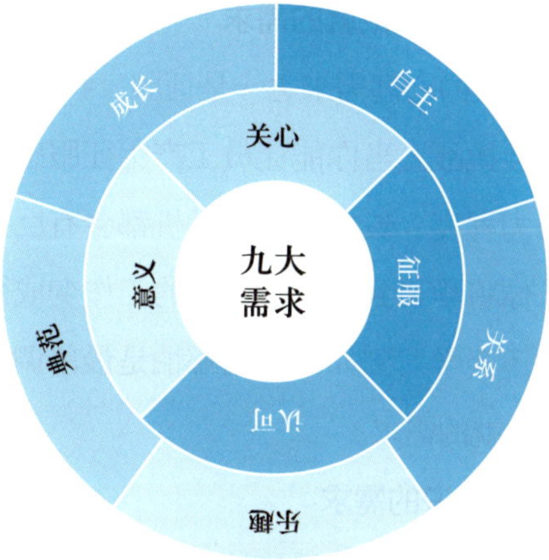

图 1

四大主要需求

四大主要需求是：

1. 关心：超越数字的需求

你领导和影响员工的能力，与员工对你的信任程度有直接的关联。信任有多个来源，但是，最容易被忽视的来源可能是关心。人们想知道，他们不仅仅是一个数字或可被利用的资源。当员工觉得公司关心他们时，就愿意在工作中投入更多精力。作为管理者，你必须让你的直接下属明白，他们真的不仅仅是一个数字。当他们觉得你关心他们时，就会觉得公司是关心他们的。在本书第五章，你可以学到关心员工的两个实用方法。

2. 征服：对挑战和成就的需求

我们最深层次的心理需求之一是征服。我们渴望参与挑战，直面挑战并战胜挑战。当你能让员工产生征服感的时候，你会看到他们的努力程度、毅力和内在动机都会有巨大的提升。在本书第六章，你将学习到可以将员工的工作变成征服感来源的三个要素。你还会学习到如何利用哪怕是最单调的工作来满足员工对挑战和成就的需求。

3. 认可：被赏识的需求

从孩提时候起，我们接受的社会训练就让我们相信，我们创造的业绩与我们如何看待他人对我们的重视程度存在关联。正因为如此，人们需要他人对他们的工作及付出的努力予以赏识和重视。当管理者掌握了认可员工的方法，并能够提升员工的价值认知度，就能点燃员工的忠诚之火，激发他们更加努力地工作。在本书第七章，我会教你如何超越“干得好”之类的一般性评价，建立我称之为“点金术”的肯定性评价。

4. 意义：做贡献和感觉重要的需求

在内心深处，我们都希望自己的生命有意义。特别是随着年龄的增长，我们开始更加关注自己的生命所产生的影响以及我们所做的贡献。意义是最强大的激励因素之一。如果管理者善加利用，员工就会带着感情去工作。在本书第八章，我会教你将工作的意义与薪水联系起来的三个简单方法。

五大次要需求

以下五个次要需求和前述四大主要需求一样重要。但是，只有在主要需求得到满足后，人们才会更好地聚焦这些次要需求。

1. 自主：掌控的需求

对世界上大多数人来说，自主是非常珍贵的。事实上，自主还可以鼓励更高水平的动机和自我驱动。当员工有自主感时，他们工作会更加努力，遇到困难时能坚持更长时间，解决问题时思维更加灵活、更具创造性，也会更喜欢从事的工作。在本书第九章，我会教你如何为员工创造更多自主性，这有助于促进员工的认同和责任感。

2. 成长：取得进步的需求

员工们非常重视成长，因为他们知道，置身于当今竞争激烈的劳动力市场，他们必须不断提升自己。投资员工是最有效的员工敬业度驱动因素之一。时间和资金始终是投资员工面临的挑战。在本书第十章，我会教你一个简单而有效的模型，它可以帮助你的员工成长，且无须花费你大量的时间或金钱。

3. 关系：与他人建立联系的需求

人类一直都是社会性物种，鉴于此，懂得群体的社会动力，对于一个优秀的管理者来说至关重要。好的团队可以提升工作效率和士气，运行不正常的团队会让所有成员精疲力竭。在本书第十一章，我会教你如何打造黏性团队，如何关注团队士气以及你必须防范哪三种危险来保护你的团队免受士气削弱的影响。

4. 乐趣：享受工作的需求

只工作不玩耍，聪明的孩子也变傻。没有乐趣还会让人的压力增加，创造力降低，投入工作的精力减少。员工把一天之中大部分清醒着的时间都用在工作上，希望享受工作的乐趣。无论是在殡仪馆工作，还是在马戏团工作，乐趣和笑声都是激发员工更高水平的敬业度和信任的重要工具。在本书第十二章，我会教你一些实用的方法，让你不必成为喜剧演员或进入小丑学校学习，就能提高工作场所的乐趣指数。

5. 典范：跟随榜样的需求

研究清楚地表明，作为管理者，在你的直接下属眼中，没有哪个人的榜样作用比你更为重要。管理者的示范可以实现很多目的——激发信任和忠诚，提供安全感和信心，教员工们该如何行动，甚至该作何感受。大多数管理者明白，他们必须为员工树立榜样，但很少有管理者知道他们该在什么时候树立什么样的榜样。世界上顶尖的管理者不仅为员工树立榜样，而且他们知道应该在什么时间树立什么样的榜样。不同的时间需要树立不同的榜样。在本书第十三章，我会告诉你员工最需要从你身上获得什么，以及你该如何有目的地调整你树立的榜样，使其始终符合当下情势的需要。

熟能生巧

激励员工、激发员工发挥出最高水准的表现，关键在于管理者满足前述九大需求的能力。有人曾说，“知识就是力量”。然而，要提升员工的工作投入，仅仅了解这九大需求是不够的，还必须将它们运用到工作实践中去。我相信，任何人都可以提高运用这九大需求的能力。有太多管理者不实践领导力，仿佛领导力是自然形成的，或者仅仅拥有常识就可以让我们拥有领导力。但真实的情况是，激励他人是一项技能，而技能是可以习得的。不管你是刚刚开启领导力之旅，抑或是已做了数十年的领导者，经由深思熟虑的实践，你的领导行为会变得更加有效。本书将列出一些可以采用的实用步骤，教你如何去做。

领导力真理（三）

没有人生来就是登山向导。实践造就向导。

转　化

领导力是一种实践。

你实践得越多，领导能力就越强。

第四章

飞机需要的是飞行员，不是看门人

缺席者必是不对，出席者必有理由。

——本杰明·富兰克林

如果你在1972年12月29日晚搭乘美国东方航空公司401航班飞往迈阿密，没有任何东西警示你飞机就要出问题了。机组人员在做降落前的最后一次检查，确保座椅靠背是直的，随身行李安全地放在座位下方，小桌板直立着并处于锁定位置。迈阿密的城市灯光在飞机下方闪烁，此时没有任何异常之处——乘客没有理由感到担心。但是，随着飞机离地面越来越近，突然之间，三台飞机发动机发出巨大的轰鸣声，机身停止下降，将乘客推回到坐椅上，飞机随后开始在夜空中急速爬升。在乘客们一脸疑惑地你望我我望你时，驾驶舱里正在上演着一个故事。

机长、副驾驶和飞行工程师按照标准程序，准备将这架三星L1011型客机安全降落在停机坪上。在检查完制动系统、雷达和液压装置后，该是放下起落架的时候了。

在起落架机轮控制杆下方有三盏指示灯，对应着飞机上的三组起落架。在他们按下开关要放下起落架时，问题出现了：其中的两盏指示灯亮了，而中间那盏代表前轮的指示灯却没有亮。

要么是起落架前轮没有降下来，要么是前轮已经就位，而确认前轮已就位的指示灯烧坏了。机长不想冒任何风险，中止了降落计划，将飞机拉升到2,000英尺的安全高度。他们可以在那里启动一个被称为“问题解决101”的简单程序。

导航员离开驾驶舱，前往甲板下边进行视觉检查，机长和副驾驶员则试图更换那只不亮的灯泡。不过，那只小灯泡却卸不下来。在接下来的7分钟时间里，机长和副驾驶都将注意力集中到了这只小小的灯泡上。灯泡最终被卸下来了，却无法装回去，因为灯泡被卡住了。就在这时，危急的事情发生了，飞机开始下降。

似乎是某名机组人员不小心碰到了自动驾驶仪，使飞机的自动驾驶状态被中止了，由此导致的飞机下降本可以在仪表盘上很明显地看到，但不幸的是，这一变化并没有被监控到。现在修复小小指示灯的任务占用了飞行员们所有的注意力，自动驾驶又被关闭，飞机实际上处于无人驾驶状态。

乘客们一定以为，当时飞机下降，是飞机着陆前的最后一步，他们可能还耐心地坐在座位上，等待着机轮落在跑道上引起的颠簸感。空乘人员正在做着他们该做的事，让座舱和乘客做好抵达迈阿密的准备。只有飞行员们没做他们通常要做的事情。飞行员是驾驶飞机的，尽管3名飞行员拥有超过50,000小时的飞行经验，当时却没有一个人在驾驶401航班。

当飞机下降到500英尺时，驾驶舱里的高度警报器响了，但似乎谁也没有听到。飞行员们在继续解决那只小小灯泡的问题，没有注意到飞机即将坠入沼泽地这一事实。迈阿密机场的塔台用无线电向 401 航班发信息，想弄清到底是怎么一回事。

以下是东方航空公司 401 航班坠毁前 30 秒的一段录音。

塔台：东方航空，401 航班，你们现在的情况怎么样？

驾驶舱：还行。我们要改变航向往回折返。

驾驶员：左边安全吗？

副驾驶：安全。

塔台：东方航空 401 航班，左转航向 180°。

飞行员：啊？

驾驶舱：180°。

副驾驶员：我们对高度做了一些调整。

驾驶员：什么？

副驾驶员：我们还在 2,000 英尺，是吗？

驾驶员：嘿，这是怎么回事？

驾驶舱：［咔嗒声］

驾驶舱：［六声类似于无线电高度表在频率增加时发出的嘟嘟声］

［撞击声］

当副驾驶意识到他们的飞行高度不是 2,000 英尺，而是不到

100 英尺时，已经来不及校正高度了。飞机撞向地面，机上 103 名乘客全部遇难。合计有 50,000 小时飞行经验的 3 名飞行员为何会坠机？原因是他们没有盯着飞机仪表盘。他们是不称职的飞行员吗？在你回答之前，请考虑如下的事实。在美国，每年有 15~20 名孩子，因为在炎热的天气里被人遗忘在车内而死亡。一个充满爱心、尽心尽力的家长何以如此心不在焉，竟然将孩子忘在车里？他们是糟糕的父母吗？我不这样认为。我也不认为 401 航班的飞行员是糟糕的，但是他们在最关键的时刻分散了注意力，引发了致命的后果。处于权力位置的人偏离其最优先事项，可能造成严重的后果。

“我的头发都着火了”

那天晚上 401 航班上发生的事情，是对管理者面临的最大挑战的准确比喻：领导者沉浸于每天换灯泡之类的小事上，而忽略了自己的优先级事项。我们现今的工作场所比以往更加复杂，压力更大，要求也更高。然而，在任何时候，我们的大脑能同时聚焦的事情都是有限的。401 航班的情况只是领导力被分散的一个极端例子。但与之类似但代价不那么惨重的情形正在困扰着世界各地的工作场所。

管理大师和领导力专家告诫我们，我们最重要的资产是人力资源。这听起来是对的，将之写在公司使命宣言中悬挂在公司总部大厅里，看起来也不错。但是，在当今忙碌的环境之下，“员工至上”的理念常常屈从于各项任务必须在下周内完成的压力。

我与管理者谈话的时候，许多人承认，他们只是太忙了，因而无法有效地领导自己的团队。有一位管理者甚至对我说：“我的头发都着火了，很难有战略眼光。”和管理者交谈时，我经常把这句话讲给他们听，他们总是大笑着点头，对这位经理遭遇的难题表示认同。如果奥斯瓦尔多把我们放在海拔 20,000 英尺的地方，自己继续去登顶，事情会简单得多，但是，他被雇来是帮助我们攀登的，而不是来自己登山的。

有些管理者过于繁忙，故而，他们离开他们的办公桌去管理员工，这可能意味着他们无法在一天结束之时完成自己的工作。在我们努力缩短自己的任务清单、在截止期限前完成工作，同时应对多项任务时，很容易忘记抬头查看“仪表盘”，以确保所有人都在“2,000 英尺的高度安全飞行”。在我们努力更换那只“小小灯泡”时，必须确保我们的注意力没有发生类似 401 航班那样的致命的分散。虽然可能不会导致人员死亡，但工作场所发生的注意力分散仍可能造成严重损失，表现为员工士气低落、代价高昂的员工变动以及每年数以百万美元计的生产力损失。虽然领导力被分散的代价可能很昂贵，但我相信，其主要原因并不是因为管理者不在意或者不知道如何领导，而是因为他们企图用 10 根手指转动 11 个不同的盘子。

最典型的领导技能

沃利·伯格是一名美国登山家，有着傲人的登山经历。他曾4次登顶珠穆朗玛峰，6次成功登上海拔8,000米的山峰，其中包括卓奥友峰和洛子峰，他是第一个登上洛子峰的美国人。在他的带领下，成百上千名登山者登上了世界七大洲的最高峰。虽然屡次登顶成功，但沃利始终脚踏实地、谦逊有爱。正是他的伯格探险公司，最终把我带到了玻利维亚。

有一天，我获得了一次采访沃利先生的机会，主题是我最喜欢的领导力。

“沃利先生，”我说，“您这一生中带领过许多登山队，也曾协助过其他许多探险活动。在您的攀登生涯中，谁是您心目中杰出的领导者？”

沃利毫不犹豫地答道：“在我攀登珠穆朗玛峰的这些年里，有一个人，一个让我觉得是杰出领导者的登山家，是阿帕·谢尔帕，他保持着登顶珠穆朗玛峰次数最多的纪录。”

他接下来说了许多赞美阿帕的话，特别强调了他的专注和投入。但在这次采访中，沃利至少6次提及阿帕的同一特质，我称之为“最典型的领导技能”。我之所以称之为“最典型的领导技能”，是因为我相信，正是这一特质将卓越的领导力和糟糕的领导力区分开来。事实上，如果你不断提高这种技能，你的领导力的有效性就会大幅提升。唯有这一特质，才能使 401 航班在那个 12 月的致命夜晚躲过一劫。

最典型的领导技能是觉察性。

沃利告诉我，阿帕有很强的觉察性——他始终注意周围发生的一切。觉察性是留意我们周边的环境，同时不忽略最优先事项的艺术。我们总是谈论专注的力量，而出色的领导者都是懂得专注的。但是，如果我们的专注过于偏狭，就会对周围的情况视而不见。对于管理者来说，周围的环境是十分重要的。保持觉察性可能很难，特别是在每天都有大量的工作需要我们投入时间的情况之下。保持觉察性的要义是平衡我们的注意力。一方面，如果缺乏专注，我们很容易每天忙于各种各样的活动却没有取得什么进展。另一方面，如果我们过度专注于某项任务（比如更换灯泡），我们可能忽略周围那些在我们的旅途中可能具有决定性意义的重要线索。

设想，阿帕·谢尔帕正带领一群客户攀登珠峰。他专注于眼前的任务，同时始终留意周围的环境——寻找危险的迹象、监测天气和评估客户的体能状况。阿帕是一个真正的领导者。

领导他人和攀登珠峰有些许相似。领导他人是一项复杂的工作，不断变化的环境使之更加困难。它要求领导者既要镇定自若，又要做到精力专注，二者要达成完美的平衡。对于今天的很多管理者而言，争夺我们注意力的事项很多，致使我们将精力专注于大量待办事项中，导致我们关注的目光偏离最优先事项——帮助员工成为我们需要的人。

让我们回到401航班的驾驶舱。在飞行员们更换那颗小小的灯泡时，设想他们拥有一个可以保护他们不被过度分散注意力的系统。有些人可能会说，他们已经有了所需要的一切：高度计，航速仪，等等。但是，如果他们有一套不允许其注意力受到分散的系统，那会怎么样呢？这个系统会强迫他们抬起头来，留意仪表盘的系统，就像孩子试图横穿马路前，母亲用手转动孩子的头，好让他看到有汽车正向他驶来一样。那样的一个系统，通过将飞行员的注意力集中到驾驶飞机这件最重要的事情上，可以挽救1972年12月29日晚上103名乘客的生命。

作为管理者，如果你也有类似的保护系统，能让你抬起头来，快速阅读仪表盘，并做出正确的调整，之后你再返回处理那些需要你完成的管理任务，那会怎么样呢？如果你有一个简单的工具，可以让你了解你的团队、团队士气、团队动力以及你与团队成员之间的关系，那会怎么样呢？如果你持续满足提高员工敬业度的九大需求，又不会给你繁重的负担，那会怎么样呢？

这些正是本书要探讨的内容。《九分钟领导力》为管理者提供了一个简单的系统，可以让他们了解激发员工最佳潜能的关键驱动因素。然而，对于任何系统来说，重要的是它必须是可持续的。有太多项目一开始看起来足够令人兴奋，但由于自身的复杂性，无法产生长期效果。最好的解决方法非常简单，却能有效地让你将注意力聚焦在重要的优先事项之上。当然，这确实需要我们在做事方式上做出一些改变，而改变是很难的。《九分钟领导力》旨在帮助你对每周的日程安排进行简单的改变，从而提高你的领导效能。在激励员工、发挥出他们的最佳潜能方面，并没有什么灵丹妙药，因为卓越领导力是在坚持做好一件件小事中培养起来的，而不是通过某个重大的一次性行动一举塑造的。不过，为了看到长期的效果，你必须愿意坚持到底。做长期改变面临的问题是，我们要与既定的工作常规和习惯作斗争。为了取得成功，我们必须克服改变过程中的两大障碍。

为什么大多数改变会失败

我的妻子是一位营养学家、私人教练和减肥专家，她帮助人们塑形减肥——有人可能以为，我的身体健康状况应该比现在更好。每当遇到一个潜在客户时，她能在 5 分钟内判断出这个人能否减肥成功。关键在哪里？那些找借口、将体重增加归咎于生活环境的人，是没有成功的机会的。那些不管自己体重增加的原因是什么，都愿意承担个人责任的人才有成功的希望。如果你不承担责任，你就永远无法改变。这条原理也适用于管理。那些为不能调动员工积极性寻找借口的管理者，永远不可能成功。

我曾遇到过一位老板，在我准备和他的员工见面前，他祝我好运，因为他已经不再相信他的员工可以被调动起来。在同他们相处一个小时后，我发现他们非常渴望在工作中有卓越的表现，这与他们的老板告诉我的截然不同。关于你的员工，好消息是，他们可以被激发和动员起来创造出色的业绩。另一则好消息是，在打造一支由你掌控的具有超强积极性的团队时，你的角色是非常重要的。承担起你的责任，你就做好了做出持久改变的准备。

改变常常失败的另一个原因是，人们试图一次性改变太多。生活对我们要求很多，所以，在一天结束的时候，我们用尽了自己的能量储备。任何使我们偏离常规的改变，都会消耗我们的资源，不管是体力上的还是精神上的。不妨再举一个来自减肥世界的经典例子。每年 1 月 1 日，我妻子的电话开始响个不停，电话是那些决心在新的一年翻开新的一页的人打来的。他们急切地想与她见面，决心在新一年里开始完全不一样的生活。见面的时候，他们允诺会吃得更加健康，经常性地锻炼，并想知道自己应该采取什么措施。减肥面临的问题，与改变领导力面临的问题非常类似，都要与旧有的方式作斗争。许多致力于减肥的人都企图来个 180° 的大转弯，他们清理掉家里的垃圾食品，彻底改变饮食结构，每周到健身房健身 4 次。尽管所有这些做法都是正确的，但试图一下子做太多事情，他们通常会走上失败的道路。最初的宏大计划很快就会变成一堆借口，一切又会故态复萌。计划是正确的，也存在改变的愿望，那么失败的原因在哪里呢？很简单，他们只是失去动力了。

在管理工作中，我们会发现类似的情形：我们参加了一个领导力研讨会，回到办公室时带着 5 页笔记，还有 30 件想做的新的事情。虽然这 30 件事情都有助于提高你的领导力，但你让这些改变坚持下去的可能性微乎其微。

对于想减肥的人来说，如果他们把减肥视为渐进发生的生活方式改变，他们会取得更好的成效。我的妻子可能会告诉她的客户，先从把早餐换成更加健康的食物、每周进行几次为期 10 分钟的锻炼开始。对客户来说，虽然这可能看起来慢得令人沮丧，但它有助于让他们以更慢的速度取得进展，最终，这些进展会更加可持续。一周之后，一旦他们掌握了不同的早餐方法，她可能让他们开始把午餐换成更加健康的食物，将每次锻炼的时间增加至 15 分钟。

《九分钟领导力》旨在通过实施一些小的步骤，帮助你慢慢变革领导力。每一步可能看起来都微不足道，但它们叠加在一起，就会形成一段更加接近峰顶的旅程。

固定绳索

我们所在的地方海拔 16,500 英尺，距离玻利维亚的宝藏山峰——阿尔帕玛尤山顶，只有 1,000 英尺的垂直高度。从这里通往顶峰的路，是一条锯齿状的刀刃一样的山脊，两侧十分陡峭。这不是那种你犯得起错误的地方，而且我有严重的恐高症，我肯定会三思而后行。要到达峰顶，取决于确保你保持在正确的道路上，既不能太偏左也不能太偏右，这两种情况都会导致悲剧的后果。此时，如果你不是一个有经验的攀登者，你应该聘请专业向导，带你到达你想去的地方。

我在山脊下等待的时候，奥斯瓦尔多沿着山脊娴熟地往上爬，每挪动一步，他脚下的鞋底钉都会深深地插进冰雪里。我记得我为他感到紧张，因为我知道，在这个陡峭的路段摔倒，结果可能是致命的。不过，作为一名专业人士，奥斯瓦尔多熟练地驾驭了地形，并开始将安全绳固定在山上。这条安全绳被称作固定绳索。固定绳索是一个重要的安全系统的组成部分，通常在攀爬危险路段时使用。向导在你前面攀登，用长长的冰桩将安全绳索固定在山上。之后，利用一个被称作“攀爬器”的小型手持工具，你就可以夹住安全绳索，顺着它往上攀登，直至到达目的地。

固定绳索是一个简单有效的安全工具，可以在你出错的时候保护你，并确保你始终保持在正确的道路上。它还可以释放你的精力，让你得以观察周围的环境。

《九分钟领导力》犹如你的固定绳索，能带你登上卓越领导力的峰顶。夹住它，顺着它向上攀登，每周前进一小步，你距离峰顶的距离就会更近一步。《九分钟领导力》是一个简单的系统，可以防止你被堆积如山的工作任务所淹没，始终将最重要的领导力原则摆在你面前。通过将你的觉察力放在你最重要的资产——你的员工身上——你将实现从管理者到有感召力的领导者的巨大转变。

每周最重要的九分钟

多年来，我一直致力于教管理者建立“领导力规划时间”。它只需要领导者每周一清晨，花点时间思考一下未来一周的领导力优先事项。作为管理者，你可能很擅长规划一周的工作任务。比如，每个周一清晨，你可能会查看日历，核对你要完成的各项工作的截止日期，创建一个一周任务清单。但领导力规划时间有所不同，它专门用以帮助你全面考虑领导力优先事项，以及本周你需要做些什么来帮助调动你的员工，就像奥斯瓦尔多在海拔 20,000 英尺的地方坐下来，花几分钟时间思考他接下来该做些什么，才能让我们继续向上攀登，领导力规划时间就是用于思考类似的问题。事实上，你全面考虑一周领导力优先事项的那些时刻，无疑是你一周中最重要的几分钟，因为正是在这几分钟里，你把头抬起来，查看仪表盘，做出对员工的表现产生影响的决定。

长期成功的关键是，虔诚地坚持领导力规划时间，直到它成为你每周例行公事的一部分。你想让领导力规划时间成为例行公事。好的一点是，它不需要占用你太多时间，只要几分钟就可以，准确讲是九分钟。不过，长期成功的秘诀不在于你坚持了这一习惯，而在于你在领导力规划时间里思考了什么重要的问题。在本书第二部分，我会更加详实地介绍这九大需求。我还会教你如何将每个需求浓缩成一个简单的问题，让你在每个周一的清晨准备开始工作前问问自己这些问题。

准备好了吗

在南美洲登山的时候，当我们准备好了，向导经常会用西班牙语对我们说："准备好了吗？"我们会回答："准备好了！"之后，我们就夹住安全绳索开始攀登。在接下来的章节里，我希望你也能"夹住绳索"，跟随我一起攀登这座"山峰"。我保证，你即将学习到的新工具，将帮助你激发出员工的最佳表现。

你准备好了吗？

要　点

领导力的最大敌人是承担了过多任务。

始终将领导力优先事项摆在你面前，对于高效的管理至关重要。

每周一清晨花九分钟时间规划当周的领导力事项。

9分钟

第二部分

四大主要需求

PART 2

Primary Needs

第五章

杰克爷爷和大阿尔：关心的需求

友善的言语如同春天的日子。

——俄罗斯谚语

第五章
杰克爷爷和大阿尔：关心的需求

我还记得我和妻子刚结婚的时候需要买一辆车的事情。为了省钱，我们去了镇上的工业区，那里有好几家汽车折扣店。其中一家店大大的招牌上写着“大阿尔的汽车”字样，上面挂着一长串迎风招展的小三角旗。汽车被塞在一片碎石地上，挡风玻璃上写着价格，一辆带有铁栅栏窗户的小拖车停在车场旁边。当你开车到车场的时候，一个穿着 20 年前老样式西装的男人就会从拖车里走出来，你猜这一定是大阿尔。他向你走来的时候，昂首阔步，咧嘴笑得合不拢嘴，你不由得感到心头一紧。你武装起自己的防卫机制，准备应对他的推销话术。

这种内在的抗拒是人类自然防御机制的一部分，告诉我们在潜在的威胁环境中要保持警惕。当然，这里的危险在于，大阿尔可能试图占你的便宜。面对这种情况，可用的反制措施有很多，比如，我们可能会“把手里的牌握紧”，或者摆出一副“扑克脸”。这种防御策略旨在限制他人对我们的生活产生影响。你的防御姿态对大阿尔来说是一个挑战，因为他的成功很大程度上取决于他影响你的能力，而他影响你的能力取决于我们称之为信任的东西。

当这个汽车销售员开始使用各种建立信任的技巧时——友好的微笑，询问你的高尔夫球运动情况（在你开车的时候，他在你的汽车后座上发现了你的高尔夫球杆，他收集到的这些信息，让他断定你玩高尔夫）——游戏开始了。大阿尔这么卖力，主要是为了赢得你的信任，而不是为了得到钱。

大阿尔可能是个好人。事实上，他可能真的非常真诚。但是，大多数人一开始并不信任他，这也是事实。不论是否合理，我们大多数人都认为，大阿尔想从我们这里得到东西——我们的钱。当我们怀疑他人试图欺骗我们的时候，我们就会谨慎行事，抗拒他们的影响。归根到底，信任即是影响。没有信任，领导力就会受到严重妨碍。

你的信任账户

因为领导力取决于你影响他人的能力，所以你希望尽一切努力建立员工对你的信任。无论你身处哪个行业，如果你是管理者，你交易所使用的货币都是信任。不妨把信任想象成为一个银行账户，你的目标是始终让账户余额保持高水平。当你的信任账户余额不足存在危险时，你就失去了影响和激励他人的能力；当你的账户余额充足时，你的领导效能就会大幅提升。没有信任就没有影响力；没有影响力，创造的成果就会非常有限。作为管理者，信任是你最好的朋友。在你需要激励员工采取行动的时候，信任为你提供了杠杆。没有信任，你或许只能雇用员工的双手，却永远无法雇用他们的心。要是员工不用心，他们将永远无法发挥自身的潜能。

信任的三个来源

最近的一项调查发现，员工越是信任管理者，他们的敬业度越高。

背后的原因有很多，但其中一个经常被忽视的原因是，高度信任的环境让人感到安全，而安全是我们所有人都看重的东西。如果你去大阿尔的汽车店，而阿尔恰好是你的父亲，你的体验与潜在顾客的体验会截然不同。当我们感到安全时，就不必浪费宝贵的精力观察周围的环境，寻找危险的迹象。安全感让我们能够集中精力，毫无保留地投入工作。我们越信任，我们就觉得越安全。但是，信任从何而来？我们该如何往信任账户里储值呢？信任的主要来源有三个，我把这三个来源称之为“信任三源流”，而且每一个来源对于理解信任是如何构建起来的都非常重要。这三个来源是品质、能力和关心。

品质

在建立信任方面，品质是最重要的因素。不管你喜不喜欢，人们对任何领导者都有很高的道德期望。然而，根据马里兹研究所的一项民意调查，只有 11% 的员工强烈地认为他们的管理者言行一致。品质是员工从你身上看到的东西，是你树立的榜样、你的价值观、你的职业道德、你的正直以及你的诚实。作为管理者，受此前讨论过的加权关系的影响，你的榜样示范作用通常会被放大。

我记得有一年我们举办年终圣诞宴会。晚餐结束后，我四处走动，帮着清理桌子。我们的一位志愿者后来告诉我，这件事对他产生了非常大的影响。虽然我不知道如此简单的一件事竟会产生这样大的影响，但它表明，当你居于领导地位时，人们是多么密切地观察着你的榜样示范。库泽斯和波斯纳进行的一项经典研究发现，员工最希望领导者具备的品质是诚实。之所以会有这些发现，当然是因为诚实与正直和信任有直接关联。员工希望在一个可以信任老板的环境中工作。当管理者正直且始终率先垂范时，就会为员工创造一个可以依靠的坚实基础。建立在管理者品质基础上的信任是强大的，但不是在一夜之间就可以建立起来的。正如沉积岩要随着沉淀物经年累月持续堆积一层一层地形成一样，信任的建立也是一个长期的持续积累过程。

能力

并非每一个信任来源都需要很长时间才能形成。有一天凌晨 2:30，在夜幕的笼罩下，我第一次和我们的登山向导奥斯瓦尔多见面。在我们第一次握手后两小时不到，我就把我的生命交到了他手里。这让我没有太多时间来建立对他的信任。这一天，我们试图攀登一座美丽的山峰，这座山峰名叫阿尔帕玛尤山。阿尔帕玛尤山从安第斯山脉上拔地而起，在最壮丽的深蓝色天空的映衬下，犹如一座簇新的金字塔，备受登山者们欢迎。

通往峰顶的最后一段路沿着一条刀刃状的山脊，山脊两边是数百英尺的深渊。因为我有恐高症，所以我对登顶成功并不十分期待。为了安全起见，他们告诉我，会用一根短绳把我和一位更有经验的向导奥斯瓦尔多绑在一起。奥斯瓦尔多已于前一天晚上晚些时候抵达这里。这样安排的考虑是，一旦我摔倒，向导可以阻止我从山上滑下来，掉进巨大的裂缝，坠入寒冰墓穴之中。

我对奥斯瓦尔多的品质一无所知，但听说他是一个经验丰富的向导和登山家，他的登山能力使我获得了保证我们此次登山探险取得成功所必需的信任。能力和品质一样，是信任的一个来源。如果员工觉得你有能力有效地领导他们，他们就愿意更加信任你。管理者有能力，并不等同于他比团队里的其他成员知道得更多。这样的优势感实际上会起到适得其反的作用，这是我曾经作为一名年轻的管理者得到的一个教训。那时我错误地以为我必须知道所有问题的答案。领导者的能力与有效管理和领导他人的能力关系更大。这与其说是技能技巧问题，不如说是理解他人的问题。最安全的做法是，保持真诚的谦卑，并致力于在个人领导力方面不断进步。如前所述，实践造就领导者。

关心

在信任的三个来源中，关心的能力是最容易被忽视的来源之一，也是本章剩余部分要讨论的重点。让我们暂时离开大阿尔的汽车店，沿着街道去杰克爷爷的家。杰克爷爷是一位聪慧的老者，喜欢坐在前廊的摇椅上，一只金毛寻回犬忠诚地躺在他身边。我们信任杰克爷爷——或许不会相信他能抱着孩子下楼梯——但我们几乎在其他一切事情上信任他。为什么这样？最明显的原因之一是他关心别人。他不想从你这儿得到任何东西，事实上，他只想把最好的东西给你。你的父母可能会催促你获得大学学位，而杰克爷爷通常会鼓励你追寻梦想。简而言之，他关心的是你，而不是你为他做的事。

我们希望知道有人关心我们，讨厌被人利用。但这与员工的卓越表现有什么关系呢？关心员工也是对管理者的忠告之一吗？最近一项针对全球 90,000 多名员工进行的调查表明，答案是肯定的。事实上，该研究显示，员工敬业度的第一大驱动因素是，“高层管理者真正关心员工个人”。员工不希望仅仅成为一个数字，或车轮上的另一个齿轮。他们真正希望感受到老板的关心。美国马里兹公司的一项民意测验显示，只有 7% 的员工强烈赞同这一观点，即他们信任高层领导者会为他们的最大利益着想。

当他人表现出对我们的关心时，我们会情不自禁地给予一点信任作为回报，这就好像我们往他们的信任账户上存入了一小笔钱。这是一件非同小可的事情，因为本质上我们是在向他们表明，“我愿意接受你的影响。”

所以，在街的这一头，有只想从你这儿获得东西的大阿尔；在街的另一头，我们的杰克爷爷只想把最好的东西给你。作为管理者，我们不能长期走任何一种极端，但我们最好更倾向于杰克爷爷一端，而不是那个不正大光明的汽车销售员一端。然而，仍然有太多的管理者将员工视为数字或简单的资源，试图尽可能地从他们身上榨取更多利润。如果你的员工感到你关心他们，他们就会信任你。如果他们信任你，你就打开了影响他们的大门。

被关心是人类的基本需求之一。我们希望知道我们是有价值的，我们是重要的，人们真的支持我们。因为我们在工作上花费了大量时间，我们自然希望我们的一些需求能在这里得到满足。管理者很容易进入汽车销售员的模式，不断想从员工那里获取什么：“你今天为我做了什么？”

虽然我理解员工被雇来是要创造业绩的，但我们在这里要讨论的是如何最大程度提高员工的敬业度。人们确实想工作，确实想给你创造你想要的业绩，但他们也想知道你是关心他们的。如果感觉到自己只是一种被利用的资源，他们就永远不会全心投入工作，而且很快就会去寻找一个承诺给他们更多回报的新老板。

当你开始谈论充满关爱的工作场所时，有些人就会变得非常神经质。他们认为，职场关爱看起来有点像松软而易碎的点心，对小学生来讲可能是极好的东西，但这是一个真实的世界，毕竟我们不能四处拥抱工作场所里的每一个人。幸运的是，创造一个更有爱心的工作环境与拥抱无关，比你想象的要简单得多。

把你的关心表现出来

保罗是一名高效的管理者，具有强烈的自我意识。保罗是在一个前东欧国家长大的，他意识到，对于北美工作文化而言，他天生的管理风格可能被人认为有些直率和严厉。当我刚开始指导保罗时，他想提高自己的软性技能。他是一个典型的管理者——工作努力，工作超负荷，把太多时间花在会议上，几乎没有可以自由支配的时间。甚至我们的指导时间也拉长了他的日程。我首先教他了解关心的力量。你关心什么，你的注意力就会投向哪里。故此，管理者们自然会关心员工的工作成效。“玛丽，报告在哪里？”“萨姆，计划制订得怎么样了？”“帕克，把《蜘蛛侠》递给我。”如果你想让员工感到你真的关心他们，他们在你所在的公司里不仅仅是一个数字，最简单的办法，是从关心他们的生活开始。最容易开始的地方，我称之为“他们的生命统计数据”（生命统计指的是以人口生命事件为内容的统计活动，生命事件包括人口的出生、死亡、婚姻以及有关民事身份的变动等。译者注）。

生命统计数据

大多数政府都有为其公民保存的某种形式的生命统计数据，包括出生证明、婚姻证明、死亡证明等信息。因为显而易见的原因，这些信息对政府非常有吸引力。同样，每个人都有一个他们认为对其生活至关重要的兴趣圈，比如他的家人、挚友，或许还包括一两个爱好。加上他们的工作，这些构成了大多数人至关重要的东西。花费哪怕是一丁点时间对某个人的生命统计数据表现出真正的兴趣，也能传达出你的关心。

作为一名管理者，如果你的直接下属不超过 10 个人，你应该知道每个员工的如下信息：

- 他们的配偶或伴侣的姓名
- 他们的孩子的姓名
- 他们的一个主要爱好

如果你真的想努力成为世界一流领导者，还要了解员工年迈父母的健康状况。

你想知道员工的生命统计数据，有很多原因，但最主要的原因是，它提供了一个起点，让你开始对员工的生活表现出持续的真正的兴趣。除了感到被关心外，你的直接下属还会觉得，你重视他们，不仅仅是因为他们给工作带来的好处。这些小事情影响深远，但遗憾的是，领导者并不经常做这些小事情。如果领导者经常这样做，那么，诸如纳尔逊·曼德拉知道他的保安人员是如何喝咖啡的、亚历山大大帝叫得出士兵的名字之类的事实，就不会在他们的传记作品中出现。

当惠特妮的老板询问她女儿的周末芭蕾舞表演是否顺利时，这个问题本身就向她传递了这样的信息：她对于公司的意义，不止于她所产生的工作业绩。它还微妙地传递了她是一个真实的人的信息。这会鼓励她信任她的工作，在工作中投入更多心思。

收集生命统计数据

对于一些管理者来说，所有这些都是很自然的事情，以至于他们读完前面最后几页后，都会感到震惊。

他们可能会问："每个人不都是这样做的吗？"事实上，许多管理者并非如此。大多数情况下，并非他们不关心别人。他们只是把那些会产生重大结果的小事情挤出了自己的日程表。如果你是一位管理者，并且意识到自己几乎不了解员工的任何生命统计数据，不妨试试如下的几个建议。

开始了解你的直接下属，但要慢慢地、自然地进行。给自己几个月的时间来了解情况。如果你突然尝试一次收集所有这些信息，你的员工可能纳闷你要干什么。这样做不仅不能建立信任，可能还会让人疑神疑鬼。当然，员工的生命统计数据，也不是你希望通过调查方式获得的信息。想象一下这样的情形：萨莉正在填写一张表格，内容是询问她父母是否还健在。慢慢来，真诚地开展。关心他人，不是一项管理技巧，而是领导者的分内之事。了解员工更多信息的另一个好处是，它有助于提高你的沟通能力。如果你对员工正在经历的问题哪怕有一丁点了解，也会极大地改变你与他们沟通以及激励他们的方式。

到员工中间走动

在向保罗解释了生命统计数据的概念后，我让他开始每周到员工中间走动一次。我对他说，走动是你在自己日程表中设定的一段时间，在这段时间里，你走到员工中间，表达对他们的关心。在走动时间里，不要询问凯莉报告在哪里，而应该问她女儿切尔西的周末足球巡回比赛情况如何。当我第一次让保罗走动的时候，他抱怨说自己没有时间。他已经有太多的会要参加，日程安排满得要命。我对他解释说，走动不必花费很长时间，即使只有 10 分钟也会产生效果。保罗回答说："10 分钟！但我有 10 个直接下属，加起来就要 100 分钟！"

当我解解释说，我的意思是总共只需要 10 分钟，而且他没有必要和每一个员工交谈时，他同意试一试。

稍后，我对保罗走动的情况进行了跟进。

"保罗，走动进行得怎么样？"我问道。

"太棒了！"他说，"我花了一个小时，和我的一些直接员工交谈。”

尽管保罗不必花一个小时的时间，但这次练习让他看到了走动这一概念的价值。尽管保罗的日程安排很紧，他还是决定每周三挤出时间到直接下属中间走走。他后来告诉我，这一简单的练习改变了他的领导力。几个月后，另一家公司给他的一位富有才华的直接下属提供了一个薪水更高的职位，被她拒绝了，这一点儿也不让人感到意外。我问她为什么拒绝，她说她喜欢为保罗工作。

20 年后人们会怎么评价你

如果你仍然对关心员工的力量存有疑问，不妨看看下面这个故事。我在为一组管理者讲解走动的概念时，一位年轻的女士把手举了起来。她告诉我们，她的父亲过去经营着一家酒店，他总是了解每位员工至少一件事情。他经常到员工中间走动，问他们一些简单的问题，比如：“嘿，乔，南希最近怎么样？”她接着说，她经常回家看望父亲。他们经过商业街时，常有人认出父亲并上前打招呼。她说，父亲的这些前直接下属经常会对她说，“20 年前我为你父亲工作过，那时他总是问我妻子怎么样了，或是问我孩子怎么样了。”

多年后，员工对这位酒店经理的记忆是，他关心自己的员工。一家我曾经担任顾问的公司，其首席执行官每周都会从行政套间的象牙塔里走出来，到员工中间去。他只是轮流和员工们寒暄，表达对公司员工的关心。后来他停止了这种做法，一位经理向我坦言："是的，我真的很怀念他的那种做法。"

当你向你的员工表明他们不仅仅是一个数字时，他们会更加信任你。而且，如你所知，他们越是信任你，你对他们的影响就越大。

关心员工的生命统计数据，不仅可以传达你关心员工的信息，对于促进沟通也有好处。你越了解员工，你就能更好地与员工沟通。举个例子，当你知道凯莉的母亲病入膏肓——这一事实会给她的生活带来巨大压力，让她情绪起伏不定——它会改变你和她沟通的方式。当她出现问题时，你可能会用不同的方式去处理，或者当她一反常态说话恶声恶气时，你可能会放她一马。由于你了解她正在经历什么，因此你可以调整对她的沟通方式和激励方式。

卸下负担

虽然没人指望你在工作中成为咨询师或治疗师，但共情蕴含着不可思议的力量。我很喜欢柏拉图的一句话："友善一点，因为你遇到的每一个人都背负着沉重的负担。"你的每一位直接下属都会经历背负沉重负担的时刻。他们可能正努力照顾年迈的父母，或者他们的孩子可能刚被诊断出患有严重疾病，或者他们可能正处于纠缠不清的关系破裂过程中。简单地询问他们在这些时期过得怎么样，就能有效地传达你的关心。没有人要求或期望你解决任何问题，但对某个正经受烦恼的员工来说，简单的一句问询或鼓励就可以表明，他们对你来说，不仅仅是一个数字。

几年前，我的一个朋友经历了一次严重的婚姻危机。他的妻子对他说，她要离开他，因为她和她同事好上了。因为他自己付不起房租，他不得不在接下来的那个周末从原来的房子里搬出来。他把他的遭遇告诉给他的老板。因为刚搬来这座城市不久，所以他问老板是否知道哪里可以找到搬家用的卡车。老板让他把这事交给她。30 分钟后，老板回来了。她为他找到了一辆卡车，还安排了几个员工在周五的工作时间里来帮他搬家。随后，她把公司里某个人的姓名和电话给了他，这个人可以帮助他了解像他这样处境的人可以从公司获得哪些员工福利。这件事情之后，你觉得我的朋友会如何看待他的老板和公司呢?

关心员工的未来

很少有什么东西比我们的个人抱负、目标和梦想离我们的内心更近。它们非常私人化，我们不会见人就分享。当有人不仅关心我们的生活方向，而且想帮助我们实现目标时，我们会感受到一种难以置信的善意和信任的纽带。关心员工的未来规划和职业目标，对于让他们知道他们不仅仅是一个数字很有帮助。

浮桥和停车场

很多机构都有庆祝员工生日的独特仪式，有些机构的仪式更加别出心裁。生日就好比大富翁游戏中的浮桥——你不想错过的重要资产。遗憾的是，一些公司在庆祝员工生日方面用力过猛，把庆生变成了一个终年循环的负担。有人被吩咐去买蛋糕，有人让每个人在贺卡上签名，还有人负责向每位团队成员收取 10 美元的费用。最后，团队成员聚集在某个同事的办公小隔间周围高唱生日快乐歌，与此同时，从超市买来的没有黄油的蛋糕被切成一块块，放到纸盘里端了上来。用不了多长时间，这种生日会就会因为重复而变得枯燥无味。

如果生日是大富翁游戏中的“浮桥”，那么入职纪念日就像“停车场”。管理者给员工留下深刻印象的方法之一，是记得员工的入职纪念日。员工的入职纪念日是独一无二的，因为作为管理者，你拥有这一资产。上一次你听到一名员工祝贺另一名员工入职公司 3 周年是什么时候？员工不会这么做，因为大多数员工认为，入职纪念日不是他们的资产，而是预留给管理者的资产。对员工的入职纪念日予以认可，是表达你的关心的一个好方式，也给了你一个分享对员工的感激之情的好机会。不需要蛋糕、贺卡，也不需要收取费用。谢天谢地，谁也不用唱歌。

5 月 5 日节快乐

工作场所越来越呈现出多元文化的趋势，所以，表达关心的另一个简单方法是关注直接下属的文化背景。如果你的团队中有从墨西哥移民过来的人，你要知道 5 月 5 日对墨西哥人来说是一个重要的节日。在5月5日节这一天，当你的员工在工作时，他在墨西哥的家人和朋友都在庆祝。如果你能走进他的办公室，祝他“5月5日节快乐”，或者让这名员工在晨会上和大家分享这个节日的意义，那将是一件很有意义的事情。你还可以更进一步，让他当天提前下班回家。当你在6月12日那天祝来自菲律宾的员工罗斯“独立日快乐”时，你就和杰克爷爷不相上下了。

用员工的母语夸赞员工

我曾经领导过一家非营利组织，该组织的员工非常多元化。我偶尔会试着学习员工母语中的一些简单用语。特蕾西来自中国台湾。我问她如何用中文普通话说“干得漂亮”。一周后，当我用中文对她说她干得漂亮时，她笑了。她取笑我蹩脚的发音，但她感谢我的努力。真正关心直接下属，并向他们学习，可以传达出你关心和尊重他们的信息。

关键在于，采取一些关心员工的小的措施。从发现员工的生命统计数据开始，然后开始规划每周到他们当中走动走动。这不会花费你很长时间，但要把这件事与你和公司首席执行官见面摆在同等的优先级上。最后，不要把我在本章中提及的所有内容看作是管理技巧。我的目标是让你对员工有真正的兴趣，让他们知道你关心他们。当员工感到自己受到重视时，他们更倾向于全心投入工作，工作也会更加努力。这是一种双赢的局面。

配偶测试法

在一次会议上，我谈到了真正关心员工的重要性。会后，一位管理者找到我，向我谈起了配偶测试法。他用这个巧妙的方法来判断员工是否喜欢为他工作。他解释说，只要有机会见到员工的另一半，他就会进行配偶测试，通常发生在年终节日聚会上。如果员工的配偶对他热情、包容、真诚友好，他就通过了测试；反之，如果员工的配偶对他矜持甚至冷漠，他就知道自己做的可能没有自己希望的那么好。尽管这方法并非完全可靠，但仍不失为衡量管理者与员工关系好坏的一个绝佳方法。原因当然在于，人们通常喜欢那些关心他们所爱之人的人。相反，如果人们感到你在利用或占自己所爱之人的便宜，他们对你就会印象平平。配偶测试法像一面镜子，能折射出你与直接下属间的真实关系。

关键问题

在每一章的末尾，你会看到一个简短的小结，内容包括本章要点、行动步骤以及一个关键问题。《九分钟领导力》建立在每周一清晨领导力规划时间里你要问自己的九个关键问题之上。每一个问题，都与员工敬业度的九个驱动因素中的一个有关，将帮助你制订能激励和调动员工的可执行的小目标。

第一分钟小结

本章要点

- 信任即影响力。
- 信任有三个来源：
  1. 品质
  2. 能力
  3. 关心
- 当员工觉得管理者真正关心他们时，他们会更敬业。

关键问题

- 本周我将如何关心我的员工？

重要行动步骤

- 花 1 分钟时间思考员工的情况，安排到员工中间走动，完成如下事项中的一项：
  1. 对员工表示关心。
  2. 询问员工有什么负担。
  3. 庆祝员工的入职纪念日。
  4. 认可多元文化活动。

本周我将如何关心我的员工？

第六章

登山，而不是在跑步机上跑步：征服的需求

我们征服的不是山峰，而是我们自己。

—— 埃德蒙·希拉里爵士

第六章

登山，而不是在跑步机上跑步：征服的需求

我们往往想当然地以为，当你伸出手去和某个人握手时，对方的手就会在那里。我第一次见到保罗的时候，他伸出了左手，促成了一次尴尬的颠倒的握手。就在那时，我注意到那闪闪发光的钩状假手从原本是手的位置处伸了出来。保罗在垃圾车上工作的时候，失去了右下臂。虽然失去了右下臂，自然应该感到难过，但保罗并不这么想。保罗认为假手对他是一种提升，而不是一种残疾。即使给他一个右手奇迹般复活的机会，他也会礼貌地加以拒绝。

有一次和我妻子聊天时，他这样解释道："眼下的生活是一个挑战，我得找到新的做事方式。如果我有两只手，生活就太无聊了。"

宁愿用左手握手，也不愿意回到事故发生前双手并用的生活状态，这个男人到底是怎么想的？心理学领域的研究可以解释保罗的态度：我们每个人似乎都有一种根深蒂固的被称之为征服的需求。

征服可以被描述为我们克服挑战的欲望。在征服的过程中，我们找到意义和目的。事实上，征服之弦已被编织进我们生命

的各个方面。你看过的每一部电影几乎都是一个有关征服的故事，有开始，之后是某种艰难的挣扎，最后——但愿是一个好莱坞电影似的结局——问题得到解决或取得胜利，故事中的人物经历了深刻的成长过程。

有人问传奇登山家乔治·马洛里为什么要攀登珠峰，他的回答很有名。他回答道："因为它就在那里。"

马洛里当时可能还没有意识到这一点，但他实际谈论的是，我们每个人身上都拥有那种渴望突破极限、经历成长的无形力量。

在每一天的操场上，这种征服的需求都在上演：四岁的男孩女孩们爬得很高，秋千荡得很快，想方设法将简单的滑梯变成他们自己的"珠峰"。焦急的母亲们在一旁注视着，并大呼小心——"吉米，那太高了！""玛丽，用两只手抓住！"不过，他们的喊话收效甚微，因为即使在小时候，我们也被驱使着去测试、拓展和参与挑战。

20世纪60年代，弗雷德里克·赫茨伯格经过研究，提出了"激励—保健"理论。他认为，工作中最大的激励因素之一是获得成就的需求。对于当今的很多员工来说，其征服和成就的需求往往没有得到满足，导致其自然动机白白流失。

登山，而不是在跑步机上跑步

我弟弟在一家环境服务公司做经理。他每天大部分的工作是处理数据，然后将数据发送给别人。去年夏天，他去看望了我的父母。我父母那时刚刚购置了一间长 50 英尺、宽 20 英尺的温室。这间温室是成套的预制件，需要组装，这可不是个小项目。不过，弟弟却渴望接受这一挑战。他迫不及待地等待飞机降落，以便尽早开始工作。

我去机场接他，给他带来了一个坏消息："爸爸已经雇了一个人来安装温室。"

弟弟显然很沮丧，对我说了一句我至今仍难以忘怀的话："我每天都在分析数据，然后发送给别人。这次来我就是想安装温室。"

弟弟是在表达他的征服需求。该需求并没有在工作中得到满足，所以他在寻找另一个途径来满足这一渴望。为什么有人想利用自己的假期来安装温室？或许，这与保罗不想回归拥有两只手的生活，是基于完全相同的原因。

在我为一家公司进行领导力培训时，我总是首先询问在场的管理者希望从当天的培训中得到什么，这有助于我了解团队的现状，帮助我进一步调整培训计划，以符合他们的特定需求。通常，大约 70% 的管理者告诉我，他们想知道如何激励员工。他们这样说是可以理解的，因为激励员工是所有管理者都必须掌握的重要技能。我确实会为他们提供激励员工的工具，不过激励员工的最好办法之一是，为他们提供征服感和成就感，让他们的工作更加丰富。当今世界的许多工作不像是在登山，更像是在跑步机上跑步——耗费了大量精力，但进展很小或根本没有进展。管理者需要让员工登山，而不是在跑步机上跑步。

体验心流

米哈里·契克森米哈赖毕生致力于研究动机，他的研究影响了我们对激励他人的艺术和科学的看法。米哈里的大部分研究都围绕他称之为“心流”的原则展开。心流指的是当一个人完全沉浸于任务中时所表现出的深度投入状态。心流是一种高度自我激励的状态，其典型特征为全神贯注于任务、专心致志的沉浸和自发的愉悦，导致时间在不知不觉间流逝。听起来不错，是吗？心流状态在我们从事最喜欢的事情（比如我们最喜欢的爱好）时很常见。不过，米哈里·契克森米哈赖的研究发现，事实上，相比娱乐时间，人们在工作时会体验到更多心流状态。对于管理者来说，这是个好消息。

那么，你如何才能让员工进入这种高度投入的状态呢？心流状态有点像龙卷风，你无法强制它发生。但是，在某些特定条件下，它往往会发生。好消息是，作为管理者，在创造让心流状态更有可能发生的最佳条件方面，你拥有很大的影响力。这一点非常重要，因为它意味着，在工作场所，你可以通过创造促进心流状态发生的最佳工作条件，来提高员工的敬业度。当心流状态出现时，它们最终会极大地提升员工的动机水平。

当工作本身就能为员工提供动力时，你就不必下功夫去调动他们。那么，心流状态发生的必要条件是什么呢？当有明确的目标或期望、目标具有最佳挑战性、有及时且持续的反馈时，心流状态就会出现。

明确的目标和期望

我妻子是一名营养学家和私人教练。我们的车库被改成了私人训练室。如果你想练习腹肌和肱二头肌，那里的器械一应俱全。我有六块腹肌吗？不确定。事实上，根本没有。真实的情况是，虽然我家有健身房和各种器械，妻子还会教我如何健康饮食，但我还是没有锻炼过，因为我根本没有动力。是的，我本可以因为内疚或单纯利用意志的力量，锻炼上那么几回，但这样做可能导致我锻炼时心猿意马，并且毫无效果。然而，当我决定去攀登阿根廷境内的阿空加瓜山时，一切都变了。阿空加瓜山是世界七大高峰之一，也是西半球的最高峰。攀登这座山峰，需要你的身体健康处于最佳状态。我已经决定选择波兰冰川线路。交了押金后，我重新回到了健身房，强迫自己努力锻炼，并迅速恢复体形。

我的动力突然变了，因为现在的我有了目标，这个目标要求我必须身体健康。动力不一定来自目标本身，而来自目标对身体的要求与现实身体状况之间的差距。差距产生了让人不悦的不协调感，激励我们采取行动，来缓解这种不适。现在有了我的身体必须达到某个状态的最后期限，我就能够看清自己现在的身体状况，两者之间的（巨大）差距激励我开始弥合这个差距。

我们希望知道自己现在的状况如何，未来的目标在哪里。同时，两者之间的差距大小给我们提供了下一步该如何行动的反馈。

明确的目标和期望还能提供行动框架。框架非常重要，因为当员工知道对他们有什么要求时，他们会产生安全感，而这种安全感可以降低模糊感带来的压力。一旦有了攀登阿空加瓜山的动力，我就意识到妻子制订的锻炼计划为我提供了一个框架，消除了我应该做什么的不确定性。因为排除了选择，我能够投入更多的资源和精力，专注地追求实现这个目标。

最后，目标可以提升我们的表现。因为目标会激励我们超越现状，让我们更加努力地尝试，进而提升我们的表现。目标能提升表现，这一事实是所有心理学研究中最具重复性的发现之一。目标还能增强员工的毅力，特别是在面临障碍的时候。当面对挑战时，目标往往激励我们想出新的实现目标的方法，使我们在之前可能会放弃的地方取得成功。

在设定目标时，关键是如何实现目标。能导致心流发生的目标，最重要的特征是具体和具有挑战性。事实上，已经有超过 100 项公开发表的研究，对具体且有挑战性的目标的能量进行过专门探讨。具体的目标可以指导和聚焦人们的行为；具有挑战性的目标会吸引和增加人们的付出。

最佳平衡——有难度但不要过难

有挑战性的目标使人更加努力，但太具挑战性的目标事实上会减少人们的付出，秘诀在于创造最佳挑战性。吉姆、奥斯瓦尔多和我在位于海拔 20,000 英尺的地方休息时，我们还要爬 1,500 英尺的垂直高度才能到达峰顶。那天我们开始登山时，心中有着明确且具有挑战性的目标。但当我们仔细考虑这个目标时，吉姆和我意识到，它对于我和他来说，可能都太大了，我们很难相信自己能够实现这个目标。当怀疑的种子在头脑中发芽后，它们就会开始吸干我们余下的所有动力储备。我们的向导奥斯瓦尔多静静地坐在那里，权衡各种选择。过了一会儿，他抬起头来问我们："你们看到上面的山脊了吗？"

吉姆和我向上望向峰顶，发现了那道山脊。

"我们爬到那儿就打道回府，"奥斯瓦尔多继续说道，"只需要再爬大约 45 分钟。"

虽然再往上攀登 45 分钟并没有让我激动，但看到终点已近在眼前，至少让我感到一丝兴奋。吉姆和我互相看了看，点头表示同意。"好吧。"我们达成了一致。

过了一会儿，我们恢复了攀登，但此时的我们精力又恢复了。几小时以来，我们一直在以非常缓慢的速度，向着一个看不见的峰顶艰难地前进。置身山中，你往往看不到峰顶，这可能让你备感沮丧。当人们看不到终点或目标过于宏大时，也会发生同样的事情。要是没有几个“里程碑”，将目标分解成若干个可以实现的小目标，人们的动力往往会减弱。事实上，通过让我们把注意力集中在山脊上，奥斯瓦尔多即是在将登顶成功的大目标，分解成我们相信自己可以实现的若干个小目标。

契克森米哈赖发现，一项活动要产生心流，必须在任务的难度及执行任务的人的技能水平之间保持适当的平衡。太具挑战性的工作无法吸引和激励员工，因为他们在内心里并不真的认为自己可以完成任务。换句话说，如果他们现在的技能水平与他们需要达到的目标之间差距过大，他们就不会付出积极的努力。这样做，部分原因是出于自我保护。明知注定要失败，为什么还要竭尽全力？这样的事也太伤自尊了。这种情况在营销中很常见——管理者给员工设定了高得离谱的销售目标，认为这样可以激励员工更加努力地工作。如果目标太大——大到员工认为自己无法完成——那么，员工就会停止付出自己的最大努力，最终的结果会和管理者们的预期相差甚远。另一方面，过于简单的目标也不能激励员工全心投入，因为完成这样的任务根本不需要付出真正的努力。过于简单的任务可能引发无聊和冷漠，这两种情绪都不利于员工的良好表现。鉴于此，为了创造让心流发生的理想条件，你必须在有难度与不要过难之间找到平衡。

契克森米哈赖在图 2 中展示了这种平衡。图中的纵轴代表任务的难度，横轴代表个体的技能水平。请注意：图中有一个被称为心流通道的最佳区域。在该区域中，任务的挑战性与员工的技能水平是相匹配的。居于这个区域的员工，处于心流发生的最佳条件之下，换言之，任务的难度与员工的技能水平之间达到了平衡。不过，如果任务变得越来越难（通过纵轴不断升高来表示），而员工的技能水平没有得到任何提升，员工就会感到非常焦虑。想象一下，有人要你在接到通知后两小时内对着 1,000 人发表演讲。除非你已经习惯了这种情况，否则，仅仅想到要完成这个任务，就可能让你心跳加速。

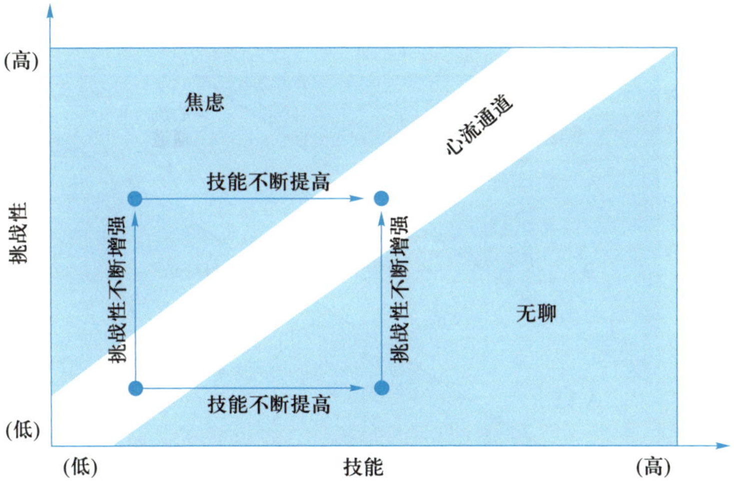

图 2
焦虑、无聊和心流（米哈里·契克森米哈赖，1990）
来源：@Trevor van Gorp，2006

另一方面，如果员工的技能水平不断提高（通过横轴不断向右拉长来表示），却没有机会从事更具挑战性的工作，那么，这项工作一定会让员工感到无聊。无论是焦虑还是无聊，都不会导致员工工作更加投入，并产生成就感。

琼已经在一家广告公司工作了大约一年的时间。她适应得很好，并且很喜欢她的工作。在过去的 6 个月时间里，她能和一些资深设计师合作，帮助他们为客户设计营销活动。一旦有了初步的概念和设计，这些想法就会拿到公司董事会会议室展示给客户看。有一天，琼的老板找到她，让她为客户麦加文做个演示。琼之前从未做过演示，立刻感到一阵焦虑。

在图 3 中，我们刚刚把琼的位置从 A 移到了 B。注意：任

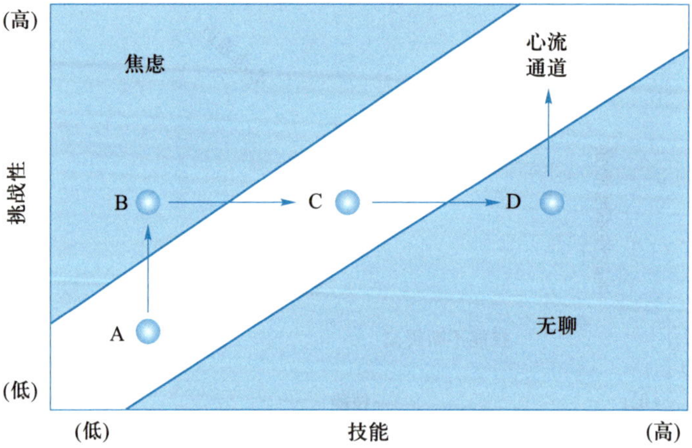

图 3
员工情绪状态进展示例（从心流到心流）

务的挑战性增加，使琼脱离心流状态，进入到焦虑区域。带着决心和老板的宽慰，琼一头扎进迎接挑战的准备中。琼非常成功地完成了演示，老板让她以后多做这项工作。每一次演示，都让琼的演示技巧和经验得到提升，她在心流图中的位置由 B 移到了 C 。注意：在经过一番训练和实践后，她又重新回到心流状态。对琼来说，这是个不错的位置，因为她喜欢工作的难度与其新习得的技能之间实现了平衡。

随着时间的推移，琼继续向客户做演示，而且取得了巨大的成功。然而，一段时间过后，这项任务对她来讲变得过于简单了，最终根本无法对她构成任何挑战，琼在心流图中的位置便从 C 移到了 D，进入无聊区域。注意：琼此时已经离开了这项工作的心流通道。她的工作仍然非常出色，但已经不能像过去那样吸引她了。琼渴望从事更具挑战性、能带她从 D 区域向上挪动、让她再次回到心流通道的工作。如果琼不能从事能够发挥其能力的工作，她最终会厌倦自己的工作，禁不住去寻找新的工作机会。契克森米哈赖关于心流的研究，为我们提供了一个有效的视觉工具，帮助我们理解具有挑战性的工作、技能获取与敬业度三者间的关系。当员工从事的工作具有最佳挑战性的时候，他们的工作投入度是最高的。

你何以知道某项任务具有最佳挑战性？正如契克森米哈赖发现的那样，某项任务的挑战性，与其实际难度关系不大。工作的难度以及个体的技能水平，主要取决于员工个人的认知。

某项任务对于团队里的其他人来说是否简单，这并不重要。如果你的某个员工认为它的难度超出了他的技能水平（不管是否真的如此），他就会感到焦虑。为了给某个员工匹配具有最佳挑战性的工作，管理者必须考虑其直接下属的看法。通过帮助员工调整他们对自身能力的看法，你可以对他们产生巨大的影响力。

很多人没能充分发挥自己的潜力，仅仅是因为他们缺乏尝试某些挑战的信心。他们认为自己能力不够，阻碍他们从事自己有能力从事的工作。管理者有时得扮演啦啦队长的角色，帮助员工看到自己的真实能力和水平。这不单单是对员工的鼓励，因为它与员工对自己能力的认知、更高的动机状态（比如心流）有直接的关联。

如何最大限度地创造导致心流状态发生的条件？方法之一是让员工参与到目标制订过程中来。这样做，不仅能让他们产生主人翁意识，也有助于在有难度与不要过难之间找到关键的平衡点。另一种方法是持续帮助他们提高技能水平，这样他们对自己能力的信心就会不断增长。当然，这样做不仅仅是帮助员工成长；帮助员工看到自己的成长，也会在激励他们接受难度越来越大的挑战方面发挥重要作用。能够将员工的能力发挥到极致，激发他们付出额外的努力，但不让他们觉得任务不可能完成，这是一门微妙的艺术。不过，即使有了具有最佳挑战性的明确目标，让心流状态最大可能发生的关键因素是持续而及时的反馈。

我们到了吗？持续反馈的力量

对人类来说，迷失感是最可怕的经历之一。你第一次的类似经历可能发生在你小时候——你在百货商店走失后，找不到自己的妈妈了。人类是一个喜欢确定方位的物种。知道自己身在何处，让我们拥有安全感。

这种对迷失的厌恶，超越了物理层面，几乎涉及我们生活的方方面面。我们常常这样说，“我在公司里处在什么位置？”或者“我这门课学得怎么样？”知道自己所处的位置非常重要，因为它有助于我们知道该作何感受、下一步要做什么。

人们渴望得到反馈。如果你决定攒钱带孩子去迪士尼乐园玩（这是你只会做一次的事情），在驱车去迪士尼的路上，孩子会反复不断地问你同一个问题：“我们到了吗？”试图跟一个四岁大的孩子解释到迪士尼乐园还要开车 120 英里是一个挑战，特别是在他还没有时间概念的时候，因此，你会寻找创造性的方法给孩子以反馈，比如对孩子说：“你再看完一部电影，我们就到了。”

这种反馈对孩子很重要，因为它有助于孩子知道该作何感受、下一步要做什么。但愿，下一步是睡觉。

工作场所有时候就像坐在父母汽车后座上的一段长途旅程。

如果没有对你有意义的信息，你很难知道自己到了什么地方，或者还要多长时间才能到达目的地（如果有的话）。如果没有有意义的反馈，就不太可能培养出征服的需求。

反馈可以激励人

你是否参加过家庭聚会或类似的聚会：有人在聚会的时候支起了排球网，每个人礼貌地击打着排球，球在网上方来来回回，大家只是为了好玩，也没人计分。玩不了多久，人们就会感到无聊。刚开始的时候可能很好玩，但很快就失去了挑战感。随后，威利叔叔从埃德娜婶婶的草坪躺椅下捡起球，对大家说："咱们来玩真的吧。"突然之间，这简简单单的七个字，让一切都变了。人们开始奋力抢球，就最后一个发球是否出界进行争论，队友们互相劝诫对方要"喊球"。此前那个家庭友好型的文明垫球过网活动，是如何变成一场精英运动员激情澎湃、精神饱满的比赛的？是什么发生了改变？球还是那个球，网还是那张网，甚至人也还是那群人，区别是反馈不一样了。我们引入了一个被称为"记分"的反馈系统，它提供了帮助我们调整行为的标准。

当员工有明确的目标——该目标在挑战性与个人技能之间找到了恰当的平衡——并引入持续及时的反馈系统时，充满活力和动力的心流状态就会出现。

反馈是管理者工具箱中最重要的工具之一，但却没有得到充分运用。你的员工渴望反馈。他们想知道自己做得怎么样、哪些地方做得好、哪些地方可以做得更好。反馈是能给目标赋予力量的神奇酱汁。因为人们天生不擅长评估自己的表现，所以他们会寻求外部资源的帮助。如果没有明确具体的目标为其描绘蓝图，他们就只能依靠管理者的主观判断及其（常常是有缺陷的）自身估计。员工日复一日地工作，却不知道自己的表现如何，这会削弱他们的自我动机，并可能让他们对自己的表现感到不自信。

不要只在情况不顺利时才进行反馈。这让我想起一个老笑话。妻子向丈夫抱怨，说他再也不说“我爱你”了，丈夫回答道：“我在婚礼当天已经对你说过了。如果有什么变化，我会告诉你的。”有些管理者和那位吝啬的丈夫很相似，他们只在员工需要改进时才会给出反馈。不妨开始将反馈视为信息。有时候，反馈告诉员工他们需要做得更好；有时候，反馈告诉员工，他们已经做得很好了，或者他们做得刚刚好。不论是哪种情况，反馈至少让员工知道了自己的表现如何。

顶级公司深谙反馈的力量，相应地，他们会对员工反馈予以安排。我最近翻阅一本杂志，里面着重介绍了我所在城市里最适宜工作的 100 家公司。在浏览一些公司的摘要时，有一件事情引人注目——许多公司都有意识地努力为员工提供高于平均水平的定期反馈。绩效评估一类的定期反馈固然不错，但没有什么能比得上我所谓的游击式反馈。游击式反馈是你在事先没有计划的即兴时间里，造访某个直接下属，告诉他他的工作表现如何。造访过程中可能就说了一两句话，但这有助于员工产生安全感，并了解自己的表现如何。

数字说明问题

帕特里克·兰西奥尼在其《痛苦工作的三个征兆》一书中强调，不可测量性是当今工作环境中存在的一个主要问题。无法用数字来测量的工作，让员工很难知道自己的工作表现如何。尽管并非所有工作都有这种可能，但找到用数字来衡量工作进展的方法，却是十分有效的。数字给人们提供了客观的标准。“你已经制作了100个小部件”，是很具体的，而“你的工作达到了标准”，则是模糊而主观的。人们喜欢具体的东西，所以，只要有可能，尽力去寻找测量某些领域个人表现的方法。有时候，这样做可能需要额外的思考和创造性。帕特里克·伦西奥尼的书里提供了不少这样的好点子。

如果你所从事的工作难以用数字测量，作为管理者，你必须持续就员工的表现进行反馈，以此弥补工作无法测量留下的空白。在这种情况下，反馈要尽可能具体。比如，玛丽在与顾客通话，你恰巧从她身边经过，并且很喜欢她处理电话的方式。这时，你可以这样给她反馈：“玛丽，今天早上我无意中听到你和客户通电话，你对他们有什么选择的解释言简意赅。如果你和每一个来电者都是这样做的，那你的工作可以说完成得相当出色。”

有人可能认为这是在表达对她的认可，有人可能认为这是在辅导她如何工作。从某种程度上说，两者都有。然而，除此之外，这个信息有助于玛丽知道成功是什么样子的，这是至关重要的因素。当员工知道自己工作上的成功是什么样子的，这不仅可以激励他们的积极性，而且在你尝试做出具体的反馈时也会有所帮助。成功并不总是以数字定义的。很多时候，成功更多的是一系列行为、产出甚至态度长期相互作用的结果。知道成功究竟意味着什么，你才能提高自己反馈的有效性。

全球定位系统和高度计

登山时，领队通常会携带一个全球定位系统（GPS）。它可以让领队知道队员在山上的确切坐标及所处的海拔高度。它还可以提供有关团队的实际行进路线及实际行进路线偏离了预定路线多远的反馈信息。

虽然登山队中的其他登山者没有 GPS，但大多数人都会携带某种高度计，通常是他们手表上带的高度计。高度计是用来测量高度的。它无法告诉你，你所处的准确位置，但至少可以显示你已经爬了多高。因此，如果你的下一个营地是在 20,000 英尺高度，而你高度计上的显示为 19,500 英尺，那么你就知道，你还需要攀登 500 英尺的垂直高度，才能到达当天扎营的地方。

登山者的这种自我测量能力很重要，这样他们就不用一直问领队："我们到了吗？"能够自我测量，也能帮助登山者进行自我调节，无论是管理体能、配给食物和水的消耗等。

当员工有可以用数字来衡量的具体目标，或者有明确定义的必须达到的目标节点时，这就为他们提供了一个自我测量的方法。这就像给了他们一个提供反馈的高度计，将有助于他们提高自己的敬业度。

高尔夫球场歪斜的旗杆

十几岁的时候，我曾在高尔夫球场工作过，每天的工作任务之一是更换旗杆的位置。它要求我重挖一个洞，再把旧洞填平。值得称赞的是，是老板教会了我，对于这份特定的工作来说，成功是什么样子的。当我完成任务时，关键的指标是新旗杆是笔直地竖立着，还是倾斜到了一边，以及我填入旧洞的草塞是否无缝地融入其中。虽然没有太多可以用数字来衡量的东西，但我非常清楚怎样才算成功。我还记得那天晚些时候，我开车围着高尔夫球场转，偶尔瞥一眼每个球洞的旗杆，每一个旗杆都在赞扬我，或鼓励我下次做得更好。不管怎样，我得到了反馈。

将跑步机变成山峰

我此前说过，你希望你的员工登山，而不是在跑步机上跑步。但我们能把跑步机变成山峰吗？让我们先来看一看真实的跑步机。在跑步机上跑 30 分钟，会让人感到不可思议的痛苦，因为实在是太无聊了。如果我们将心流原理应用到锻炼中，那会怎么样呢？试想你是一名私人教练，你的工作是激励人们进行跑步机锻炼。你可以给他们设定一个目标，让他们的心率保持在红色区域至少 28 分钟，而不是简单地让他们跑上 30 分钟。你也可以计划三次高强度短跑，每次都是一分钟，速度为每小时 10 英里。从 25 分钟到 29 分钟，将跑步机的坡度设定为 15 度。最后，你告诉你的客户，每当他们想说“我不行了”的时候，对自己说“我能行。”

你的客户会受到你在他们面前创造的这座山峰的吸引，并渴望立即开始攀登。在这个示例中，我们创造了一些具有最佳挑战性的明确目标，并提供了大量即时反馈的渠道，这些是心流状态发生的条件。客户健身的动力再也不必来自你，因为现在工作本身（跑步机锻炼）就可以提升客户的健身积极性。

任何一个星期天

肖恩在其所在地区的教堂做志愿者。每个星期天，他都会忠实地将沉重的音响设备拖到一所租来的学校餐厅，将之安装好，供人们做礼拜时使用。想确保肖恩是在登山而不是在跑步机上跑步，你会怎么做？第一件事是帮他清楚地定义，就他的这个角色而言，成功是什么样子的。让他参与讨论是个明智的主意，因为这会让他觉得对这件事负有更多责任。讨论可能会形成一个清单，内容为有助于他成功完成一次服务所需要的行为和态度，可能包括如下内容：

- 早上9:30之前到场；
- 用胶带把所有电线固定好；
- 调整麦克风支架的高度，这样歌手就不必劳神去调整；
- 与唱诗班沟通，看看是不是有什么特别的安排；
- 调整每一个麦克风的音量至正确水平；
- 测试无线麦克风，确保没有回音；
- 如果孩子打断了他的工作，要愉快地回应。

即使这只是一个周日在教堂工作的志愿者岗位，但这种明确的预期也有助于肖恩知道自己的工作做得怎么样，这也使得牧师更容易对他的表现做出反馈。现在，他有更多的机会在周日体验到成就感，而不是像以前一样，独自在幕后履行自己的职责，引不起任何人的关注。

当我们将恰当地平衡了技能和难度的明确期望与持续的反馈机制结合起来的时候，我们就能满足员工深层次的征服需求。当人们体验到征服感的时候，他们会更加投入，工作效率更高，最终会在工作中更快乐。作为管理者，请花点时间仔细思考每个直接下属每周的角色和责任。他们有明确的目标和期望吗？

这些目标会挑战和拓展他们吗？最后，他们是否可以通过某种方式获得有关其工作进展的反馈？知道你的员工究竟是在登山还是在跑步机上跑步的最快方法是，给他们提供反馈。如果你不能就某个员工任何一周的工作进展给出反馈，她就很可能是在跑步机上跑步。这正是你在领导力规划时间的第二分钟，要思考一个简单问题的原因：本周我要给谁反馈？请选择一名员工，让他知道自己干得怎么样。

第二分钟小结

要点

- 征服是参与我们的环境、应对并克服挑战的需求。
- 创造心流状态发生的条件，使工作更有吸引力。
- 心流状态发生的条件是：明确的目标或期望、最佳挑战性及持续的反馈。

关键问题

- 本周我要给谁反馈?

关键行动步骤

- 请搜索和下载“山峰和征服”工作表。

本周我要给谁提供反馈？

第七章

点石成金：认可的需求

> 王子应该慢罚快奖。
>
> —— 奥维德

第七章

点石成金：认可的需求

如果地震发生后你被埋在瓦砾下，或者雪崩发生后你被埋在3英尺深的积雪下，你最好期望搜寻你的搜救犬积极性高涨。搜救犬需要经过大约600小时的训练，才能做好在现场工作的准备，而且并非每只狗狗都适合这项工作。除了服从和专注性等特征外，要想成为搜救犬，还必须具有搜寻被抛出去的玩具的强烈驱动力以及强烈的取悦欲望。

想象一下：当被困在3英尺高的瓦砾下时，听到头顶上传来搜救犬低沉的吠声，你该有多高兴啊。随着搜救人员向你靠近，阳光突然透过一个废墟开口照进来。你可能希望最先和你打照面的是发出呼哧呼哧声的搜救犬鼻子，但事实往往并非如此。真实的情况可能是这样的：搜救犬可能已经开始和训练员进行一场争夺臭袜子的友好“拔河比赛”。尽管这个事故现场并不适合玩耍，但搜救犬和它的训练员是在上演一个重要的仪式。搜救犬因为找到了你而受到奖励，这对于激励它去寻找更多的人是必要的。事实上，如果没有这些小小的奖励和认可，搜救犬甚至可能放弃行动。对于被埋在瓦砾下的人来说，这是一个坏消息。

虽然我们乐于以为，进化已经使我们远离了动物王国，但奖励和认可对我们的行为依然有着很大的影响。事实上，它们是人类动机拼图的重要组成部分。很少有其他的方式像简单的奖励和认可一样，具有如此强大的力量或影响人们行为的潜力。

不断增强的动机

奖励和认可是动力的来源，可以激励员工更加努力，面对困难时坚持更长时间，并投入更多精力。你是否曾为了获得年终奖而付出双倍的努力？或者，你是否曾为了让老板对项目满意而付出过额外的努力？我们天生渴望得到奖励和认可，部分是基于生理上的原因。每当我们受到表扬和认可时，大脑就会分泌多巴胺，它是大脑中负责刺激快感中心的神经递质。多巴胺也是许多由可卡因等成瘾性物质导致的短暂快感背后的原因。

塑造行为

为了产生想要的结果，管理者必须塑造和促进有效的行为。通过适当地运用奖励和认可，管理者可以提高任何一种行为发生的频率。人们常说，“你奖励什么行为，什么行为就会被不断重复。”当短暂快感将行为与奖励联系起来时，我们再一次看到多巴胺在起作用。这正是积极强化如此有效的原因。

建立信任

当你持续地赏识和认可员工时，这会加强你与员工之间的良好关系，这种关系对于建立信任至关重要。认可员工的出色工作和付出的努力，表明你赏识和重视他们个人及其行为。这种感激之情可以增进信任，正如你所知，信任是可以交易的领导力货币。

提供反馈

奖励和认可也是反馈的一种形式，可以帮助你的员工了解他们的表现如何。当员工的表现超出预期时，可以通过表扬和认可给予反馈。如前所述，反馈可以帮助我们了解该作何感受，如何行动以及如何进行调整。

既然有这么多好处，为什么管理者不更好地奖励和认可员工呢？威奇塔州立大学的杰拉尔德·格雷厄姆博士对工作场所的 65 种潜在激励因素进行了研究，结果发现，最能激励员工的激励因素是“管理者亲自祝贺某个员工工作出色”。然而，58% 的受访者表示，他们的管理者很少给予如此简单的表扬。格雷厄姆总结道：“那些最能激励人的技巧被使用的次数最少，尽管它们使用起来更简单，成本也更低。”

拿起一本管理学图书，如果书中没有有关奖励和认可的章节，就如同拿起特蕾莎修女的日记，却找不到“祈祷”这个词。

然而，即便有了这些常识，仍有大量员工觉得自己的努力没有获得应有的赏识。何以会出现这样的脱节？

在与管理者打交道的过程中，我发现有几个常见的原因导致管理者不能经常奖励和认可员工。以下是管理者在运用奖励和认可方面表现不佳的六个常见原因：

1. 我太忙了

这并不是因为管理者是坏人，也不是因为管理者不赏识员工的工作。对于大多数管理者而言，这只是因为他们太忙而没有时间去思考这件事。就像美国东方航空公司的飞行员一样，他们把注意力都集中在周围的细节上，忘了抬头往上看并关注一些更重要的问题。事实上，大多数管理者的工作节奏都很忙，使得他们很容易一整周过去都没有看到身边美好或值得表扬的人或事。

2. 他们只是做了分内之事

我雇他们来就是干这个的，为什么还要奖励或赏识他们？尽管这种心态正在逐渐退场，但它依然存在。一些管理者认为，对员工的赏识体现在员工的薪水中。这可能对机器人有用，但是，由于我们依赖员工发挥出他们的最佳水平来创造业绩，所以，我们需要找到办法来强化他们的出色行为。

3. 没人认可我

当我们自己没有受到上司重视的时候，很容易忽视奖励和认可员工。在这种情况下，奖励员工有时候会激起不公平的感觉。但真正的领导者，不管自己遭遇了什么，都只做正确的事情。顶级领导者应该超越自己，打破这种不健康的循环，防止进一步的领导无能。

4. 我不想表现出偏爱

一些管理者告诉我，他们不想表现出对谁的偏爱。这种观点源于他们取悦他人的天性，并不会激发出员工的卓越表现。你为什么因为表现不好的员工的缘故，而不去认可付出巨大努力的员工？这实际上是在惩罚付出了巨大努力的员工。这种不冒犯任何人的想法肯定会打击表现出色的员工，同时奖励平庸的员工。避免偏爱的最佳防范措施之一，是确保你向员工传播你的奖励和认可。本章后面的部分还会继续讨论这一问题。

5. 我们已有员工认可计划

一些管理者认为，奖励表现突出的员工是公司的责任。尽管这很重要，但一项调查发现，57% 的员工更愿意从直接上司那里听到表扬，只有 21% 的员工更愿意从高级管理人员那里听到表扬。在认可员工方面，你的话比首席执行官的话更有分量。员工认可方面的专家鲍勃·尼尔森发现，那些在奖励和认可员工方面做得好的管理者，他们之所以做得好，部分原因是他们将之视为个人的责任。

6. 我不知道如何认可员工

一位管理者曾对我说："'谢谢'说得太多，就会失去意义。"他的话确实有道理，但他忽略了一个重要的概念，即奖励和认可并不只是说声“谢谢”（尽管这是一个好的开始）。它更多的是帮助员工觉得自己受重视。这位管理者需要的，是他的工具箱里有更多帮助员工感觉受到赏识的工具。说“谢谢你”和“干得漂亮”是很漂亮的开始，但它们本身的影响力是有限的。

被重视的需求

奖励和认可有助于满足我们每个人内心深处的基本需求。我们都想知道自己是否被需要、是否重要、是否有价值。由于我们经常把自己的工作或成果与自身联系在一起，我们倾向于认为，如果人们重视和欣赏我们的工作，那么他们也很可能会重视和赏识我们个人。如果你想提高奖励和认可员工的能力，不妨从将之视为一个帮助员工觉得自己有价值的方法着手。

冰箱门上的图片——价值主张

让我们暂时回到从前的时光。还记得你四五岁的时候吗？当时你的日程相当简单，每日的真正任务，可能是在上午 11 点钟看《芝麻街》，下午 2 点左右可能还要睡个午觉。你肯定有一盒蜡笔。根据你出生的年代不同，盒子里蜡笔的支数也不一样。如果你属于婴儿潮一代（在美国，婴儿潮一代指的是 1946 年至 1964 年间出生的人——译者注），盒子里可能有 8 支蜡笔；如果你属于 Y 一代（在美国，Y 一代指的是 1983 年至 1995 年间出生的人——译者注），盒子里的蜡笔数量可能高达 128 支，外加一个内置削笔刀。因为下雨不能出门玩耍，你开始创作一幅“杰作”。你把舌头从嘴边伸出来，把所有的注意力和精力都集中在面前那张白纸上。创作过程令人愉悦，非常自然，也很有趣。在创作完成、经历了最初的满足后，你意识到还有一件事没做，那就是你得将它展示给别人看。毕竟，你已经付出了巨大的努力，觉得这是一幅不错的作品，但还需要来自外界的认可。显而易见的选择通常是你的母亲。当你把作品交到她手上时，你仔细观察她的面部表情，看她会怎么想。当然，当她对你和你的创作大加赞赏时，脸上总会露出笑容。这幅画是否真的是一件艺术品的最后确认，是它是否被展示出来供大家欣赏。那时的你还不知道巴黎的卢浮宫，也不知道伦敦的国家美术馆，但在你的心中，有一个对任何一个有抱负的艺术家而言同样享有盛名的地方——冰箱门。即便在那时你也懂得，你创作的作品与你对自己的认知之间存在强大的关联。你当时并没有意识到，你的母亲刚刚对你施用了将点石成金术。

点石成金术

希腊酒神巴库斯答应满足迈达斯国王一个愿望，国王想让自己碰到的一切东西都变成金子。起初，这似乎是个不错的主意，因为石头和树枝经他的手指轻轻一点，就变成了金子。然而，当国王触碰到自己女儿的时候，女儿变成了一座雕像，这时候他才意识到，这个礼物其实是个诅咒。

我们对迈达斯国王的故事感兴趣，因为只要我们能在合适的时间关闭这种能力，谁不想将简单的东西变成金子呢？需要钱偿还你的抵押贷款吗？来，摸摸这个铁罐！

领导者的手指具有类似的能量。点石成金术能将你的员工变成金子，让他们因为自身及其所做的事情感到有价值，这是敬业度等式的重要组成部分。

本章中我使用了奖励和认可两个词。虽然它们有着相同的终极目标，但两者所产生的影响及其实施方式却大相径庭。奖励一个人通常需要给他一些有形的东西——金钱、礼券、奖杯、证书，等等。而认可则常常涉及给予赞美之词等无形的东西。虽然这两种方法都可能有效，但我试图引导管理者放弃奖励方式，鼓励他们转而选择简单的认可方式。我这样做，基于几个原因。第一，奖励事实上会削弱内在动机，从而妨碍长期的业绩表现。本书第九章探讨自主性的问题，你可以从中了解到更多这方面的知识。其次，奖励通常只针对那些特别出类拔萃的业绩表现，所以奖励的机会通常很少，而且两次奖励之间会间隔很长时间。如果管理者仅仅依靠奖励来让员工感到有价值和受赏识，他就会错失成百上千个激励员工的小的时机。虽然有形奖励确有存在的空间，但请务必谨慎使用。因为当员工的“价值”主要与有形的奖励联系在一起时，选择合适的奖品可能就是一个挑战。“为了完成这个项目，一个月来我放弃了所有的周末，他们竟然给了我一个印有公司标识的咖啡杯。天啊，真是太谢谢他们了！”

由于每个人看重的东西是不一样的，这就增加了确定何种有形奖励有意义的难度。“我们知道吉姆不会打高尔夫，但我们奖励给他的这根推杆，可能会激励他去从事这项运动。”

现金奖励和非现金奖励间似乎也有差异。事实上，研究表明，最好不要进行现金奖励。尽管人们总是想要更多的钱，但现金奖励事实上会带来糟糕的回报。在一项研究中，尽管近80%的人表示，他们更愿意获得现金奖励来激励他们参与某个填字游戏，但当采用非现金奖励方式时，他们的成绩从15%提高到了38%以上。很明显，他们误解了自己对成绩激励的偏好。另一项研究比较了使用现金奖励和非现金奖励对于提高汽车销售量的激励效果，结果表明，非现金奖励使汽车销售量增加了15%，而现金奖励仅使销售量增加2%。

现金奖励的另一个问题是奖励的有用性。一项调查发现，大多数现金奖励的获得者并没有把钱花在值得纪念的事情之上。由于现金奖励经常被用来偿还信用卡债务等，它们似乎就这样蒸发掉了，没有留下多少有形或有意义的东西来表明奖励的存在。

与现金奖励相关的另一个问题，是我们对于如何花钱的困惑。在一项研究中，70%的人认为，将奖励的现金花在旅行等自我满足的事情上是不合理的。这是可以理解的，尤其是在员工有贷方余额等未偿债务的情况下。将现金奖励与旅行等非现金奖励进行一下比较。以旅游奖励员工，随之而来的有对行程的期待、旅游经历本身以及行程结束后可以带回家的美好记忆。事实上，有研究表明，旅游等非现金奖励会刺激人的右脑，导致产生更多的目标意象，进而激活我们大脑中更多的动机通道。

有关奖励的最后一个问题是，因为许多奖励都需要花钱，它们往往超出管理者的决策权限，这常常导致管理者为了给某个员工奖励两张电影票，不得不经历一系列复杂的程序。

幸运的是，对员工予以认可就没有那么复杂，也不昂贵。在帮助员工产生价值感方面，通常有三个方面会给你带来最大回报，它们是：认可成就、认可行为、认可个人特质。

认可成就

7 岁时的一天，我在谷仓后面发现了一种威力强大的组合。我学到了这样一个事实：当你往一小簇火焰上浇上一加仑汽油，结果会发生爆炸！我和我最好的朋友将一只旧的冰激凌桶灌满汽油，高高兴兴地探索烟花表演。在我决定将整桶汽油倒在我点燃的小火焰上之后，我们的实验突然出现了问题。整个假期我都待在烧伤病房里，给我的家人带来了无尽的压力。这次变故后，我终于了解到把汽油与火混合在一起将产生不可思议的能量。我们的世界充满了其他能产生强大能量的组合，有些具有绝对的危险，有些则没有危害，比如荧光棒——当化学物质在小小的塑料管里发生反应时，荧光棒可以让孩子们快乐地玩上几个小时。

弗雷德里克·赫茨伯格在20世纪60年代对激励的开创性研究，使他发现了两种强大的激励因素，当这两种因素结合在一起时，可能产生爆炸性的结果。这两个激励因素是取得成就的愿望及对成就的认可和赞赏。当这两个概念结合在一起时，具有与我7岁时参与的火柴和汽油实验相同的威力。认可和成就之间这种不可思议的联系，已经编织进我们的DNA中。对于管理者来说，我们可以利用历史形成的这种联系，开发其令人难以置信的激励属性。

每周结束时，你的员工都会取得一些成就——有的大一些，但大多数都是小的成就。每一种成就都是你练习点石成金术的潜在机会。他们写完报告了吗？提前完成项目了吗？提出一个新点子了吗？实现目标了吗？达成销售目标了吗？无论他们取得的是什么成就，我们都希望他们觉得这个成就是有价值的，我们也希望他们觉得自己受到了重视。

认可行为

作为管理者，你实际上是在管理行为。通过鼓励和促进有效的行为，你可以塑造一个带领团队走向成功的环境。奖励和认可是强化有效行为的力量。当然，这一切都始于你对员工的行为要求有非常清晰的了解。一旦你知道你在寻求什么样的行为，你就可以通过奖励和认可来强化这些行为。管理者很容易陷入不断纠正他人的模式中，你看到哪些地方需要做得更好，然后加以改进。虽然纠偏是管理的重要内容，但必须与对良好行为的认可保持平衡。管理者应该养成的一个好习惯，是经常到员工中间走动，试图发现他们在正确地做事情。在你的办公室里，每天发生的好事比坏事多，所以，请把警察徽章放进抽屉里，去寻找某个正在表现出你希望再次看到的行为的员工。你奖励什么样的行为，什么样的行为就会重复出现。

认可个人特质

虽然对员工的行为予以认可和奖励十分重要，但我们也要赞赏和重视员工个人。这样做满足了我们每个人内心的某个深层次需求，因为我们的内心迫切地想知道，我们的生命是有意义的。不要仅仅重视员工约翰撰写的报告，你还希望重视让约翰完成报告的他的那些个人特质：职业道德、创造力、对细节的关注，抑或其他品质。这些个人特质应该成为我们大力表扬的目标。你突出强调员工的个人品质和特点，即是在重视员工个人。

虽然认可员工的成就、行为和个人特质非常有效，但关键在于如何去做。当奖励和认可具体、及时且不会削弱员工的内在动力时，其效果才是最好的。

你为什么爱我？

不久前的一天，我的手机响了，通知我有一条新信息。信息是我妻子发来的，只有“我爱你”几个字。你可能以为我们是新婚夫妻，还在享受蜜月的幸福，但我们已经结婚将近20年了。虽然我们关系很好，但这条短信似乎还是太突然了，让我怀疑是不是出了什么事。所以我只简单地回复了三个字：“为什么？”

你可能会笑着建议我们去看婚姻顾问。但我可以向你保证，我们非常相爱。我只是想知道为什么在早上10:30时她觉得必须要表达她对我的感情。

虽然我们不会给各个直接下属发短信或电子邮件，说我们爱他们，但当我们对员工说“你工作完成得不错”“活儿干得漂亮”，或者同样通用的表达“好极了”时，我们其实是在做着差不多的事情。虽然以上每个表达都是赞赏和认可的意思，但它们都有不足之处，因为它们没有回答“为什么”。“为什么”很重要，因为它给了我们一些可以抓住的具体信息，而不是依赖“干得好”等缺乏冲击力的主观表达。

收到我的回复后，妻子立马回复了我一条信息：“因为你在我心情不好的时候容忍我。你帮我洗碗。你为了我们的家努力工作。”

在她发出的两条信息中，你认为哪一条让我感觉更好？哪条信息对我鼓励更大，让我感受到她的浓浓爱意？当然是列出了我所做的事，表明我是一个什么样的人的那条。虽然“我爱你”短信对我妻子来说很有意义，因为她知道背后的细节，但用以交流时就失去了一些影响力，因为它缺乏情感背后的细节。感激之情表达得越具体，对接收者的影响就越大。

奖励和认可也是如此。它必须是具体的。作为管理者，尽量在你的语汇表中摒弃诸如“非常棒”“继续努力”之类的话，除非这些话是用于对具体认可进行总结。这样的用语过于模糊，没有将点石成金术所具有的强化力量体现出来。

迟到的生日祝福

忘记生日是一种很糟糕的感觉。所幸的是，针对这种情况，我们有专门的措辞。我们可以给朋友送去迟到的生日祝福。迟到的生日祝福唯一存在的问题是，它们有时间限制。就像杂货店的优惠券一样，它们通常有有效期——七天左右。迟来的生日祝福晚于实际生日一个月，就不会有什么用了。

奖励和认可的机会就像生日，有效的时间窗口只有短暂的一段时间。除非你在当周抓住机会，否则，要产生持久的效果就为时已晚。表扬玛丽在一个多月前召开的董事会上所发挥的作用，不会有什么效果。你甚至可能不得不提醒玛丽，是她做的哪件事值得得到你的表扬。认可与事情发生的时间间隔越近，效果就越好。唯一不适用此规则的地方，是你对员工特质的认可，因为这类认可并不取决于某一特定的事件、成就或表现出的某一行为，可以在任何时候使用。快速进行认可和奖励，只需稍加练习，并增强对正在发生的事情的觉察。

利用因果关系的力量

我们生活在一个充满因果关系的世界里。当人们看到自己的行为如何对比他们更重要的事物产生影响或有所贡献时，就会让这些行为更有意义和动力。当你对他人的行为或行为人本身予以认可或赞赏的时候，一定要将其与积极的结果联系起来。

在工作场所，我们的大多数行为至少会对如下五个领域中的一个产生影响：

（1）公司

（2）团队

（3）你和老板

（4）顾客

（5）员工

当你能帮助员工看到他们的工作或成就是如何影响上述某个领域时，就会放大鼓励的效果。

在结束本章前，让我们举几个实例，来阐明本章业已探讨的主要内容。

你所在的公司正在考虑将一项潜在的新服务加到现有的产品线中。你的员工萨莉刚刚完成了一份有关该服务的市场研究报告。这份报告令人印象深刻——富有启发性，又十分深入。

很明显，萨莉为完成这份报告付出了大量的时间和精力。

你可以：

（1）什么也不做，因为萨莉只是做了她分内的事，雇她来就是干这个的。

（2）去她的办公室，对她说："萨莉，报告写得非常棒。谢谢你完成了这份报告！"虽然这比什么都不说要好，但它缺乏更详细的认可表述所具有的冲击力。

（3）给予萨莉具体的奖励和认可，让她知道你重视她的劳动成果，同时将她的劳动成果与（对公司、团队、你、顾客或萨莉自己）产生的有形结果联系起来。

比如，你可以对萨莉说："萨莉，我想感谢你为完成市场研究报告所做的工作。这份报告详尽深入，而且我知道，这得益于你对细节的关注及发现趋势的能力。我还想说，这份报告真的能够帮助公司决定，我们是否应该继续推进该项新的服务计划。如果没有它，我们就是在盲目行动。你的报告有助于我们看清形势。谢谢你如此出色的工作。"

看到我们是如何对她予以认可的吗？首先，重视她的报告（内容详尽深入），接着，重视她的一些个人特质（对细节的关注和发现趋势的能力），最后，我们将她的工作与她对公司的帮助联系起来（帮助我们决定是否要继续推进新的服务计划）。

谈话结束后，萨莉觉得得到了奖励和认可，但也知道了自己该如何为更大的事情（比如公司）做贡献。这有助于她感觉自己受到了重视，并增强她工作的目标感。这种奖励和认可会激励她重复良好的行为表现。

我们也可以轻易地将她付出的努力与她是如何帮助管理者或如何帮助服务客户的联系起来，而不将她的报告与其给公司带来的好处联系起来。你的选择有很多，但重要的是，要将员工的行为和（或）个人特质与其产生的有形结果联系起来。

有效的奖励和认可的第一个关键因素是定期进行。一名管理者曾经告诉我，他认为他不应该每周对一位员工予以认可。此人有 8 个直接下属，这意味着，如果他每周都认可一位员工，那么，他需要两个月才能再次对同一位员工予以认可。你能想象老板连续八周不对你说任何鼓励的话吗？不幸的是，很多员工都可以。如果哪一周你不对任何员工予以认可，那就随它去吧，因为是你决定不这样做的，而不是你忘了做这件事。

第二个关键因素是多练习。在每周一的领导力规划时间里，花一分钟时间问自己一个问题："本周我要奖励或认可谁？"找到至少一位员工，对他施以点石成金术。在重视员工的成就、个人特质及贡献方面，你练习得越多，做得就会越好越自然。奖励和认可有助于提高员工的敬业度，让工作场所更积极、更有动力。毕竟，谁不愿意在那样的环境中工作呢？我知道，搜救犬是愿意的。

第三分钟小结

要点

- 你奖励什么样的行为，什么样的行为就会重复出现。
- 奖励和认可可以满足人们受重视的需求。
- 奖励和认可是帮助塑造行为的有效工具。

关键问题

- 本周我要对谁予以奖励或认可？

关键行动步骤

- 运用“认可准则”，给某位员工施以“点石成金术”。

本周我要对谁予以奖励或认可？

第八章

第二份薪水：意义的需求

我点燃了自己，人们过来看我燃烧。

——约翰·卫斯理

第八章
第二份薪水：意义的需求

2009年12月，堪萨斯州渥太华的尼克·哈里斯目睹了一场可怕的事故：一辆水星牌轿车在倒车时，从一名6岁女孩的身上碾过去，将她压在了轮胎下。哈里斯以最快的速度跑了过去，抓住汽车的尾部，将汽车抬离女孩的身体。那个小女孩只是因此得了脑震荡，身上还有几处擦伤。

哈里斯无法理解那一刻他如何能爆发出超人般的力量。当天晚些时候，身高5英尺7英寸、体重185磅的哈里斯试图抬起其他汽车，但都没有成功。

我们都听说过危急时刻表现出超人壮举的故事。人类的身体具有惊人的储备，能够超越我们通常认为的可能性。尼克·哈里斯无疑得到了身体在短时间内大量分泌肾上腺素等化学物质的能力的助力，为其体力的极限发挥做好了准备。如果我们能够将这种化学物质打包，岂不是很好？试想有一种能量饮料，不仅能提高你的警觉性，还能让你举起汽车。虽然这只是白日做梦，但如果有一种叫作超人动机的东西，岂不是很好？想象一下，如果有一种药丸，可以将员工的动机调为超速状态，并将他们的工作效率提高100%，你会感兴趣吗？沃顿商学院的心理学家亚当·格兰特教授可能已经找到了你正在寻找的东西。

2008年，亚当·格兰特来到一所大学筹款部门的一个呼叫中心，将那里的员工分成三组。对于这些人来说，一天的工作，通常是给校友及其他人打电话，为学校的奖学金筹集捐款。第一组是对照组，其他两组人则会获得阅读材料。第二组的人拿到的是一本小手册，上面简要介绍了他们从事这项工作所能获得的各种好处。小手册有助于他们了解如何提高自己的通话技能、人际交往技能，等等。本质上，这是一次WIIFM（“对我有什么好处”）练习。在第三组中，亚当·格兰特只是给了员工一些信件让他们阅读，这些信是曾获得过奖学金的学生写的，信中简要描述了奖学金如何改变了他们的生活。第一组，也就是对照组，还是和之前一样。

一个月后，格兰特先生回到呼叫中心，想看看他的两个干预措施是否影响了筹款人的动机和工作效率。结果令人惊讶。对照组获得的捐款承诺和捐款总额较前几个月没有增加，这并不让人感到意外。第二组的受试者，也就是收到了概述工作好处的信息的那些员工，也没有明显的变化。“对我有什么好处”思维似乎并没有影响他们的整体动机和工作效率。真正的震惊来自第三组发生的情况，这个组的成员读过以前的奖学金获得者的来信，结果他们获得的捐款承诺是上一个月的两倍，筹款总额比上一个月的两倍还多。阅读了自己并不认识的人的几封信，结果其一个月内的工作效率就翻了一倍，这是如何发生的？答案在于我所称的“第二份薪水”中。

第二份薪水

我曾经有机会与一家家庭服务行业的非营利机构合作过。这些人在服务所在社区、运行项目、提供支持方面工作非常出色，从而使家庭能够正常运转和成长。和许多非营利性机构一样，这家机构也受到了他们员工薪酬水平的限制，导致其新聘员工的更替率处于高位。尽管该机构的成员就这里薪酬不高对新雇用的员工进行过多次告诫，在发第一份薪水后，他们似乎还是会流失许多新员工。他们于是问我：“这么多新员工在拿到第一份薪水后离职，我们如何才能留住他们呢？”

“解决办法是，”我说，“在发放第一份薪水前，先发第二份薪水。”

第二份薪水是将工作的意义与薪水联系起来的那一刻，是我们利用被称为意义这一有效激励因素的力量的时刻。工作意义就是我们“为什么工作”，它受内在动机驱动，让人们从工作中获得报偿。将工作意义与薪水联系起来，对于激励当今的员工十分重要，尤其是在我们无法支付更高的薪水或提供一些机构可以为其员工提供的豪华福利包的时候。

我建议他们让新员工在入职的头两周内，参与到有意义的工作中。机构的成员需要让他们与一些客户进行互动，而不是让他们待在办公室里。比如，他们可以让新员工上门服务，为家长提供支持或培训。然后，在他们返回办公室的路上，将第二份薪水给他们。对于这个家庭服务组织来说，第二份薪水可能是一次简单的对话：

“你知道我们刚刚为这个家庭做了什么吗？那个7岁的小男孩今天放学后回到家中，他的父母不会吵架了。他们会开始留出一些和他一对一相处的时间。我们今天毫无疑问影响了这个小男孩的生活。”

这就是第二份薪水，它是无法用金钱来衡量的。

如果该家庭服务组织在新员工拿到第一份薪水前，多组织几次这样的活动，他们的薪资高低就没那么重要了，因为在一天的工作结束后，人们首先寻找的是工作的意义，其次才是经济上的回报。

第二份薪水非常有效，但是你如何才能将工作的意义与薪水联系起来呢？如下三个问题，可以帮助你建立这种联系，并提升员工的内在动机。

我们为谁服务？

员工对自己的服务对象了解有限。在被问及你为谁工作时，很多人看不到公司之外的东西。

如果回到亚当·格兰特的研究中，我们可以看到这一原则在起作用。第三组筹款者的工作效率何以能较上一个月翻倍？

他们打了更多电话？他们打电话的时候更有激情、更有说服力，抑或更加真诚？想确切地了解他们到底有什么不同的做法，需要进行更加详细的研究，但是，他们的力量不在于技术，而在于动机。他们受到了工作意义的驱使。当他们阅读曾经的奖学金获得者写的信时，脑海中浮现出了其服务对象的形象。尽管他们的薪水是由大学发放的，但此时一个更具鼓舞力、更具说服力的雇主出现了。当筹款者开始意识到，他们的工作真正服务的是那些没有钱攻读这所享有盛誉的大学的学生时，他们的动机发生了转变。

为他人服务，总是比为某个公司工作更能激励人。如果你能帮助员工认识到他们在为谁服务，不管是顾客、同事、社会的某个部门，抑或是一项事业，它能点燃他们内心的某种激情。这股激情之火，可以提升他们的工作投入，进而改进他们的行为表现。

我们的产品或服务是用来做什么的？

劳丽是一家化妆品和日间水疗中心的老板，生意一直都很红火。经过多年的努力，她打造出了一家实力越来越强大的公司，成为同业中的领导者。劳丽把一切安排得井井有条，并且建立了一套帮助员工销售产品的翔实的系统。她对手下的所有女性都很友好，并且极度相信她的员工。总的来讲，劳丽是一位出色的老板。不过，她也遇到了员工方面的问题，她们似乎动力不足。虽然她对她们进行了全面的销售培训，但她仍然觉得有些女员工在销售或追加销售方面不够努力。

部分问题在于员工如何看待自己的工作。在她们看来，她们是销售化妆品和日间水疗服务的。我告诉劳丽及其管理者，化妆品只是被买来完成工作的产品。我问她们："那么，你们觉得化妆品被买来是做什么工作的？"换句话说，你们认为女人为什么要购买化妆品？她们回答道："感觉更漂亮。"

许多公司都会销售产品或服务。事实是，顾客并不是真的想要你的产品，他们实际上是在寻求你的产品或服务提供的结果。所以，你的产品只是被买来完成某项工作的。就劳丽公司的情况而言，是为了帮助女性觉得自己更漂亮。

这看起来可能像是语义学练习，但你认为如下两种表述，哪种更能激励人？"我们销售化妆品，我们努力销售 × 件产品。"或者"我们帮助女人觉得自己更漂亮。"

于是，员工的动机思维开始改变。在接下来的几周里，我和她的几位管理者合作，帮助她们从不同视角来处理动机问题。销售化妆品与认为"我帮助女人觉得自己更漂亮"大不相同。有一天，一位女士来店里想做一次全面美容。美容结束后，她对一名员工说道：

"我感到自信了。"她笑着说道。

我建议劳丽在下周的团队会议上将这句话分享给所有团队成员，作为她们的产品被买来是做什么的进一步证据。这可能看起来很微妙，但是，如果化妆师接近客户的目的是帮助她觉得自己漂亮和自信，当她推销其他产品时，就不再是令人尴尬的销售宣传。化妆师也不必为从美容过渡到为了提高销量而建议使用其他产品而压力重重。因为她们的动机来自不同的地方——一个根植于意义的地方——一个更内在因而更强大的动机会发挥作用。

你在这里有多重要？

有助于你将工作的意义与薪水联系起来的最后一个问题是，帮助员工认识到，他们的角色对于你、对于团队、对于公司有多重要。这是为什么员工需要看到他们的工作与他们的工作如何影响公司的成功之间存在明确关联的原因之一。我曾和一些大公司合作过，它们的一些员工并不知道公司是如何赚钱的。在那种环境下，很难将工作的意义与薪水联系起来。员工需要看到他们的日常付出是如何为公司的全局做贡献的。它超越了公司本身。通过帮助员工认识到，他们对于团队、对于你（老板）有多重要，员工可以找到工作的意义。帮助员工理解，他们对于卓越的追求如何减轻了同事所承受的压力，这不仅能够提升团队的整体水平，还有助于员工意识到自己对于整个组织的重要性。

故事的力量

一张图片胜过千言万语。最近，我为一家公司及其管理者进行为期一天的培训。这是一家从事废品管理和回收的公司。我指导管理者们做一项练习，帮助他们将工作的意义与薪水联系起来。在以小组为单位练习了几分钟后，我让他们报告可以将工作的意义和薪水联系起来的不同方法。他们一开始时是这样说的："我们保护环境""我们为社区提供清洁的饮用水"。

尽管这些都是事实，但它们缺乏唤起工作意义所必需的情感联系。意义之所以是如此有效的激励因素，原因之一是它能唤起人们的情感。情感就像赛车上的氧化亚氮按钮，一旦按下去，就会产生巨大的动力。不过，"保护环境"之类的通用说法无法唤起人们的情感，相反，故事和生动逼真的口头描述可以。

千百年来，人们通过故事来交流。故事之所以重要，是因为它们有助于我们在大脑中形成图像，不管出于什么原因，图片比纯数据更容易记住。我还记得物理老师让我们计算，我们从100码外发射的子弹，能否击中一只同时从树上跳下来的猴子。时至今日，我已经想不起解题的公式了，但我仍然可以想象那只可怜的猴子从树上跳下来、一颗子弹向它飞驰而去的场景。

在培训这些回收行业的管理者时，我问他们："你们是如何保护环境的？"

坐在后面的一位女士说："我们回收纸张，就是在保护树木！"

保护树木，这个回答还不错，但仍然过于笼统。

"你们保护了多少棵树？"我问道。

现场一片寂静，因为没有人知道答案。不过，有人手上有公司每月回收废纸数量的记录，而且他知道几吨纸相当于一棵树。不一会儿，有人处理了这些数据，我们很快有了答案。

“我们平均每个月回收的废纸，相当于1,446棵树。”

屋子里顿时弥漫起一股自豪感，因为这家机构第一次意识到，他们每个月拯救了1,446棵树。这难道不比一句“我们保护环境”更形象、更有效吗？

让我们再次回到亚当·格兰特在大学呼叫中心所做的实验上来。想象一下，如果格兰特给第三组员工的不是奖学金获得者写的信，而是一个工作意义陈述清单，比如：“你帮助那些通常负担不起上学费用的人上大学，这将为他们打开改变生活的大门。”

尽管这些陈述都是正确的，但它们会导致筹款额翻番吗？我对此表示怀疑，原因在于，尽管它们确实有助于将工作的意义与薪水联系起来，但它们无法像那些私人信件一样唤起情感。说你帮助人们上大学是一回事；当这些人向你描绘大学是如何改变他们的生活时，那又是另一回事了。

生动逼真的口头描述和故事是有效的交流工具。几千年来，人类一直依靠它们来传承历代的智慧。故事可以让人们将信息铭刻在脑海中，部分原因在于故事栩栩如生，部分原因在于它们可以唤起情感。我记得曾读过一个故事，一个农民试图解释有机农业与他之前使用杀虫剂和化学品的方法的区别。他的陈述证据充分，有数据支撑，说理透彻，但与人基本没有关联。后来他改变了方式，他说："看，在我转向有机农业之前，当我从地里回来、孩子们跑过来拥抱我时，我不得不说，'住手，你现在不能碰我，你得等我换好衣服。'现在我已经转向有机农业了。当我从地里回到家时，如果孩子们想跑过来拥抱我，他们可以随心所欲去做。"一番形象化的描述，让听他说话的人"全明白了"。直到今天，当我在杂货店买东西的时候，还会想起这个故事。

故事和图像有助于人们记住信息。说到第二份薪水，你说得越具体越好。你的员工玛丽知道自己作为一名为新创小企业发放贷款的信贷员可以帮助它们获得资金是一回事；当她看到自己的工作如何帮助企业家实现梦想时，就完全是另一回事了。

将工作的意义与薪水联系起来，有助于满足员工对重要性的需求。发放第二份薪水不必很复杂，你也没有必要搜寻完美的图像或措辞来表达第二份薪水。关键是，帮助你的员工对他们为谁服务他们真正从事的工作是什么他们如何发挥作用有更高层次的认识。就像面对帮助尼克将汽车抬离小孩身体的超人般的力量时一样，你会对第二份薪水如何能够激起员工源于改变周围人生活的强烈欲望的深层动机，感到惊讶不已的。

第四分钟小结

要点

- 人们有觉得自己重要的需求。
- 将工作的意义与薪水联系起来，是世界上最有效的激励因素之一。
- 通过问3个问题，找到工作的意义：

  （1）我们为谁服务？

  （2）人们购买我们的产品或服务是用来做什么的？

  （3）你在这里重要吗？
- 故事和图像有助于人们唤起情感和工作的意义。

关键问题

- 本周我要把第二份薪水给哪位员工？

关键行动步骤

- 本周选定一名员工，将其工作的意义与薪水联系起来。

第·四·分·钟 4

本周我要把第二份薪水给哪位员工？

9分钟

第三部分

五大次要需求

PART 3

Secondary Needs and Implementation

第九章
控制：自主的需求

剥夺他人自由的人，不应该拥有自由。

——亚伯拉罕·林肯

第九章
控制：自主的需求

“自由了，终于自由了。感谢万能的上帝，我们终于自由了！”当马丁·路德·金站在林肯纪念堂前的台阶上说这些话时，它们点燃了数百万听众心中的激情。马丁·路德·金演讲的核心是自由和平等的梦想。这一梦想引起了人们的共鸣，因为每个人的内心都有一种对自由的本能渴望。当我们自由时，我们就拥有了所谓的自主性。自主性是一种管理自我生活的愿望，有很强的激励作用。

尽管自主性是动机的一个有效来源，但它常常让位于胡萝卜和大棒。大棒是用来威胁人的，强迫人们去做某些事情；而胡萝卜是引诱人的，驱使人们朝着奖励的目标走。胡萝卜和大棒在今天的商业活动中得到了广泛的应用。美国心理学家弗雷德里克·赫茨伯格是企业管理界最具影响力的人物之一，他将胡萝卜和大棒称为打屁股激励因素。胡萝卜和大棒也被称为外在激励因素，因为这种激励来自你之外的因素（比如你愤怒的老板）。胡萝卜和大棒无处不在。你将工作提交给老板，因为他给你设定了最后完成期限；你加班完成工作，因为这样你会得到奖励；你为了考试而学习，因为你将接受测试。胡萝卜和大棒已经深深融入我们的文化中，以至于我们几乎意识不到它们是什么——促使我们为获得奖励或避免某种形式的惩罚而采取行动的外在刺激。它们按照简单的“如果—那么”公式运行。“如果我做了这个，我就会得到那个。”

虽然胡萝卜和大棒确实能激励人，但它们也存在一些严重的缺陷。这种“如果—那么”的奖惩模式存在的问题在于，它们无法自我维持。如果取消奖励或惩罚，期望的行为就会停止，或者至少会显著减少。这就给管理者带来了巨大的压力，他们必须持续提供稳定的新鲜胡萝卜和（或）更粗的大棒，才能让员工保持工作积极性。对很多管理者而言，这是最让他们费心费力的工作之一。外在动机不仅是短视的，也不能激发出员工的最好表现。

与外在动机相对的是一种更为有效的动机来源，我们称之为内在动机。内在动机来自人的内心。想想能量饮料，而不是胡萝卜和大棒。你在当地的教堂或食物篮（食物篮指的是慈善机构等社会组织为需要的人群提供的救济性食物，这里指代的是机构。译者注）做志愿者；因为某个朋友生病，你驱车穿过小镇去探望。这背后的原因都是内在动机。在他们说“谢谢！”后，你回答说“别客气，这是我的荣幸。”你感到荣幸，正是内在动机在起作用。你的报偿来源于完成任务本身所产生的良好感觉。内在动机驱使你按照自己的意志行事，不管其他人在做什么，要把你往哪个方向推拉。

这两种动机的区别不止于此。越来越多的研究表明，当人们受到内在激励时，他们会更加努力地工作，坚持的时间更长，更具创造性，会使用更加灵活的思维方式解决问题，学习新知识时会运用更多概念化学习策略。内在动机也有助于提高整体幸福感。事实上，一项又一项研究表明，试图用外在的奖励或惩罚来激励人们，只会降低他们的最佳表现能力，例外只存在于手头的工作几乎不需要思考的时候，比如“1+1=2”之类的简单工作。不过，一旦你完成某项任务哪怕只需要运用基本的认知思维过程，这种“如果—那么”的奖励模式，事实上就会降低你的表现水平。如果你寻求的是高绩效员工，那么你肯定需要利用工作场所内在动机的力量。但为什么内在动机和外在动机之间有如此巨大的差别？答案在于我们对自主性的需求。

控制的需求

1969年，位于匹兹堡的卡内基·梅隆大学一位名叫爱德华·德西的年轻的心理学博士生做了一项实验，测试奖励对内在动机的影响。实验要求两组人解开当时流行的索玛拼图（Soma Puzzle）。索玛拼图是由帕克兄弟发明的一款游戏，由6块积木组成。将6块积木按照正确的顺序拼在一起，才能拼成一个完美的立方体。此外，还可以用这些积木组成狗、沙发和飞机等形状。这个拼图游戏挑战玩家的创造力，当玩家成功组成一个形状后给予其成就感奖励，为玩家们提供了内在动机来源。参加实验的人被分成两个组，一组（A组）的人每完成一个拼图，就会获得少量现金奖励，他们得到的是外部激励；而另一组（B组）则不会获得类似的奖励。爱德华·德西想要回答的问题是：和不会获得现金奖励的B组比起来，会获得现金奖励（外在动机）的A组，其内在动机水平会发生什么变化?

在学生们玩了大约半个小时拼图后，他们被告知研究结束了，实验者必须暂时离开房间，以便将一些数据输入到电脑中。实验者不在的时候，学生们可以自由地做他们喜欢的事情。他们旁边的桌子上放着各种各样的杂志，如果他们想看，可以随意翻阅。不过，真正的实验这时候才刚刚开始。在这段时间里，实验者偷偷观察这些学生，看他们在空闲时间里会做些什么。那些得到现金奖励的学生会继续玩拼图游戏，还是会停下来?结果表明，那些获得现金奖励的学生继续玩拼图的可能性，比那些一直“为了好玩”而玩拼图的学生要低得多。

通过引入现金奖励，研究人员窃取了学生们更为有效的内在动机。为什么金钱奖励会影响一个人的动机来源？这种变化的原因，与我们对控制的认知有关。自主性的需求是我们最重要的心理需求之一。我们希望觉得，我们会管理和掌控自己的生活。当有人想要对我们施加控制时，我们内心的某个地方似乎会反抗。我妻子帮助人们减肥，她知道动机非常重要。当人们减肥的动机来自外部时，比如配偶的唠叨或公众的压力，他们很难取得长期的成功。这种外在的激励因素经常会导致某种内在的反抗，进而导致人们谋划自我破坏行为。我妻子的一个客户，其丈夫喜欢唠叨个不停。她向我妻子坦白，每当她生他的气时，就偷偷溜到便利店吃垃圾食品。她的行为，是对丈夫试图让她接受的外部控制的一种小小的反抗。

因为我们生活在一个胡萝卜加大棒的世界里，自主的概念似乎很难理解。不过，真实的情况是，最有效的、可以自我维持的动机来源，来自人的内心。好消息是，作为管理者，你可以做一些事情，来帮助员工在工作中获得更大的自由和控制感，而自由和控制感可以提高员工的动机水平。

释放囚犯

20世纪70年代初，如果你就读于斯坦福大学，可能看到一则邀请学生参加一项为期两周的付费研究的广告。该研究由该校心理学教授菲利普·津巴多提出。津巴多将学校一栋建筑的地下室改造成模拟监狱。他从学生中挑选出24人，其中一半扮演看守，一半扮演囚犯。实验计划持续两周，但仅仅六天后，就被迫中止，因为扮演看守的学生变得越来越具有攻击性，而扮演囚犯的学生却表现出极度的压力、顺从及抑郁的迹象。

这项著名的研究给了我们许多启示，但其中有趣的一点，与我们本章的讨论有关，它涉及人们对控制的看法。

扮演囚犯的学生是自愿参加这项实验的。尽管他们参加实验可以得到少许的报酬，但他们被告知可以随时退出。但是，在经历了一系列的误解后，学生们开始相信，他们实际上别无选择，他们真的是囚犯。随着他们的角色从志愿者转变为真正的囚犯（至少他们是这样认为的），抑郁和极度的压力迹象等负面情绪开始显现出来。

我们对自己拥有多少控制的认知，对我们的动机、快乐和整体幸福感会产生难以置信的影响。能够自行控制吗啡注射的患者比接受相同剂量吗啡注射的病人报告的痛苦要少。在工作中享有自主感的员工比没有自主感的员工请病假的天数要少，原因之一在于，自主性可以缓冲压力。当我们感觉居于控制地位时，会更加积极地应对挑战和压力源。当我们处于无法控制或几乎无法控制的挑战性环境时（你能说是“微观管理”吗？），我们可能学会变得无助。

马丁·塞利格曼在一系列实验中发现，当动物和人类暴露于他们无法控制的痛苦环境中时，他们最终会放弃逃避的努力。当他们后来处于一个有机会逃离痛苦的新的类似情境中时，大多数人甚至不会尝试。他们已经学会了无助。这种习得性无助会导致动机、认知及情绪上的缺陷。动机缺陷表现为放弃逃离痛苦的尝试，认知缺陷表现为学习能力受损，情绪缺陷表现为有抑郁的征兆和症状。当员工屡次试图影响其工作环境却屡遭失败时，他们会经历类似的习得性无助，并最终放弃试图施加影响的努力，并接受现状。这可能令那些连鸡毛蒜皮的小事都想管的老板感到满意，但它很难激发出员工的最好表现。

当员工在几乎无法控制的环境中工作时，他们会感觉有点像津巴多斯坦福实验中的志愿者囚犯。这种环境几乎扼杀了员工的主动性，同时也是没有人愿意为一个连鸡毛蒜皮的小事都想管的老板工作的原因。人们需要一定的自主性，而自主性不一定非得体现在弹性的工作安排等大的方面。一些最容易提升员工自主性的方法非常简单，并且在你的掌控范围之内。

在可能的情况下给予选择的机会

我们最近搬到了一座新的城市，我妻子询问我的想法。

“挺不错的。”我告诉她。

她不太相信我的话，于是接着说：“但是……”

“好吧，我希望这里有一支职业曲棍球队，现在我看不了球赛了。”我坦承道。

“可没搬家前，你从没看过任何比赛啊。”她说。

“我知道。可是如果我想去，我就可以去啊。”我说道。

我失去了在原来城市的家里拥有的选择之一，是个小小的损失。

选择和自主性紧密相连。如果你想培养员工的自主性，就要设法让他们在如何履行自己的职责上有更多选择或更大程度的灵活度。虽然这对于某些工作来说可能是不可能的，但对大多数工作而言，选择的数量多到令人吃惊。每座山可能只有一个峰顶，登上峰顶的时间限制通常也必须遵守，但除此之外，选择哪一条路线登上峰顶，却是没有限制的。给人们独立思考的机会，为他们提供允许范围内尽可能多的选择，这将增强他们的内在动机。我们很容易相信自己知道从事工作的最佳方法，但这并不意味着，它是你的员工完成该工作的最佳方法。试着找到哪怕是很小的方法，给你的员工在如何完成工作方面有一些选择。

当选择不可行时，试着向员工说明为什么他们需要以某种方式完成某项任务。听到原因解释的员工，更可能认可并自愿接受外部施加的限制。一旦认可了这种限制，员工会自觉地付出更多努力，甚至对不感兴趣的活动也是如此。

让他们建言

为了焕新一个破败的街区，两个小组接到了创作两幅独立的壁画的任务。其中一个组的成员画什么样的图案，是指定好的，而另一个组则被要求自己提出创意，尽管最终的决定由主责的艺术家作出，但每一个团队成员都有机会提出意见和建议。你认为哪个小组会在创作壁画这项任务上投入更多精力?

当员工被要求建言时，这不仅会让他们觉得受到了尊重，感觉自己很重要，还给他们提供了一个影响自己的工作环境的机会。这一认知会对他们的控制感和自主感产生重要影响。毕竟，有多少人会给囚犯建言的机会呢？这对于那些天生控制欲就很强的管理者来说可能很难，而且我们许多人比我们意识到的更有控制欲。请记住，并不是所有事情都必须按照你的方式来进行。当你愿意接受这种可能性时，就给了员工建言的机会。让员工建言的另一个好处是，你可以汇集团队的集体智慧。你永远不知道下一个好点子可能来自哪里。不过，关于员工建言，有一点需要注意：如果你允许他们建言，却从不采纳任何人的任何建议，就会向员工传达这样的信息：虽然你问了，却没有认真倾听。我曾在我指导的一名管理者那里看到这种情况。她告诉我，她不再向公司建言了。虽然公司曾征集过员工的建议，但从没有采纳过任何一条建议。她想，既然是这样，何苦再折腾人呢？

让他们负责

弗雷德里克·赫茨伯格在确定工作场所的激励因素时发现，员工将“越来越多的责任”列为工作场所最令他们满意的因素之一。当员工能够承担更多责任时，他们对于如何完成工作，通常会有更多选择，也会提出更多建议。这也是为什么管理者通常比一线普通员工工作更加投入的原因之一。随着责任不断增加，管理者往往享有更多选择，会提出更多建议。责任不断增加和获得晋升也是反馈的形式，告诉员工他们在成长和做出贡献，他们对组织来说是有价值的。

虽然你可能无法擢升每一名员工，但你仍然可以找到一些创造性的方法，帮助他们承担更大的责任。其中的一个想法是，鼓励每名员工成为某一领域的专家，这有助于员工觉得自己的重要性得到了提升，觉得自己是某个话题或某项技能方面的行家。员工成为某个特定领域的万事通后，就会对这个头衔产生一定程度的自豪感。这种个人投入可以提升员工的敬业度，并为他们的工作增添更多意义。工作的意义，如前所述，是员工敬业度的重要来源。

无论你是在玩拼图游戏，还是在组装大型喷气式飞机，胡萝卜和大棒的作用都是有限的。当员工觉得对自己的工作有掌控权时，这有助于满足他们对自主性的需求。自主性很重要，因为它是内在动机的主要来源之一。当人们受到内在动机的驱使时，他们会把更多的心思和精力投入到工作中。通过为员工提供灵活性、建言的机会、选择权和不断增加的责任，你可以让工作场所及员工的生活更加丰富。毕竟，你不也喜欢有一些自由吗？在九分钟规划时间里，想出一件本周你可以做的简单事情，提升一名员工的自主性。

第五分钟小结

要点

- 当员工享有自主性时，他们的自我激励水平会提高。
- 自我激励或内在动机会使员工的努力程度、创造能力、敬业度、概念性思维及整体幸福感得到提升。

关键问题

- 本周我该如何提升某位员工的自主感?

关键行动步骤

- 听员工建言。
- 给员工选择。
- 让员工负责。

第·五·分·钟

5

本周我该如何提升某位员工的自主感?

第十章

泡沫坑和蹦床：成长的需求

登山的目的是提升人，而不是登上峰顶。当你考虑的是人的时候，登山才有意义。

—— 沃尔特·博拉弟

第十章

泡沫坑和蹦床：成长的需求

“别担心。”至少克米特·泰勒中尉是这么告诉雷达操作员的，当时雷达操作员在监控屏幕上发现一个异常巨大的物体正朝着欧湖岛方向飞去。1941年12月7日早上7点刚过，美国陆军战斗机飞行员克米特·泰勒接到了附近一座雷达站的电话，当天是他在追踪中心上班的第二天，对雷达所知甚少。那位最早发现飞机的年轻军官还在适应第一天的工作。泰勒中尉误以为屏幕上的庞然大物是将于当天晚些时候抵达这里的B-17轰炸机编队，他告诉两名雷达操作员不要担心。不幸的是，雷达上的黑点不是B-17轰炸机编队，而是急速飞往珍珠港进行突然袭击的日本军机，正是这次突袭，将美国卷入第二次世界大战。后来，经过调查之后，泰勒中尉被洗脱了嫌疑，证明没有玩忽职守，因为他本人和另外两位雷达操作员没有接受过足够的训练。

去年，我和妻子决定尝试一些新事物，于是我们报名参加了成人体操项目。尽管朋友们开了点我们的玩笑，我和妻子还是在第一天晚上准时出现，准备拓宽我们的眼界。我们来到位于郊区的一座老旧砖楼里。这个体操馆就像是成年人的游乐场，只是没有炸薯条和开心乐园餐。那里有横杠、滑轮、绳索、弹簧垫以及你能想象得到的各种颜色的垫子。最吸引人的设施是位于房间一角等着将你吞没的豁开的海绵坑。和大家一起做完热身运动后，体操运动员肖恩花了一些时间，教我和妻子如何在蹦床上做后空翻。那天晚上运动结束后，我们驾车回家，运动带来的快乐让我们激动不已。这是一种不同以往的体验，它有难度，把我们带入了一个充满挑战的新世界，在那里我们可以继续成长。

随着年龄的增长，我们很容易陷入日常生活的常规之中。日子变得可以预期，这是件好事，因为我们需要消耗大部分精力来应对一周的工作。但这并不是一条鼓舞人心的道路。尽管常规生活可以给我们带来安全感和可预测性，但我们生来想得到更多。每个人的内心深处，都有成长的需求。

员工发展

近期一项关于工作场所的全球性研究发现，“成长和发展的机会”是员工敬业度的第二大驱动因素。你的员工希望获得成长，如果他们在你的公司里找不到成长的机会，就会想到别的地方去寻找。仍然有大量的员工觉得自己没有得到发展。这种差距之所以存在，主要是因为大多数管理者太忙，没有时间思考员工的持续发展。然而，如果我们想让员工充分发挥他们的才能，就必须帮助他们满足成长的需求。要做到这一点，我们必须首先了解管理者在员工成长过程中扮演的是什么角色。

在大公司里，很多管理者将员工培训交给企业培训师或员工发展部门，还有一些管理者等待人力资源部门开展培训项目。在规模较小的公司里，管理者们常常集多种职责于一身，员工培训很少能挤进他们的日程表。尽管总会有各种各样的高水平研讨会、培训课程及其他工具来训练你的员工，但没有什么能像管理者为其直接下属提供的持续培训一样有效。与公司里的其他人相比，管理者最有可能影响直接下属的成长和发展，这在一定程度上归功于我们在第三章讨论过的加权关系，也得益于管理者每周与直接下属一起工作所产生的信任。为了帮助员工实现成长，同时不耗费你大量的时间或金钱，如下四个步骤可以让你的员工发展变得简单起来。它们是：明确、挑战、支持和反馈。

明确

培训员工面临的挑战之一，是我们经常不知道从哪里开始。有时，我们的思维局限于研讨会、培训课程等培训方法，但事实上，还有大量其他方法可以使用。如何进行培训，没有进行什么样的培训重要。帮助你的员工成长，要从明确进行什么样的培训开始。如果你不知道员工需要在哪些方面发展，你就很难帮助他们实现发展。关于你的员工，有一个不错的问题，你可以问问你自己："为了让他们比现在更高效，他们需要在哪些方面实现成长？”虽然有些员工对自己有清晰的认识，但很多员工要依赖管理者来指导他们。当我问一名我正在指导的高级管理者他最想在哪个领域获得成长时，他告诉我他不确定。然后我问他，他的老板认为他需要在哪个领域获得成长，他回答说：“我不确定，他从来没有告诉过我。”这位高级管理者陷入了一成不变的困境，不清楚自己需要在哪个领域获得成长。

说到成长，没有万能的方法。不同的工作需要不同的能力，如果认识不到这一点，培训会变得平淡无奇、缺乏重点。当你试图勾勒出明确的成长领域时，将成长的需求划分为四大领域，有时会有帮助。这四大领域是：知识、技术技能、职业技能及行为/态度。将成长需求划分为上述四个领域，可以更容易地将全部注意力集中于特定主题。

1. 知识。每项工作都要求掌握一定程度的知识。有时候，我们不会把获得知识与成长等同起来，但两者是密切关联的。我曾指导过一位管理者，他决定将了解公司下属的一家能源工厂的详细情况作为自己的一个小项目。他负责向办公室提供有关该工厂的最新情况，但除了基本的运行知识外，他对工厂其他方面的情况所知甚少。他详细了解工厂情况的决定，为他提供了成长的机会，这不仅会让他从中受益，整个公司也将因此受益。我指导的另一位管理者认为，在公司的高级管理者周会上，没有人尊重她。她决定通过阅读行业期刊和建立关系网，来加深对自己所在行业的了解，这样她就可以为周一的晨会带来更多价值。一段时间过后，她已能够在会上贡献更多智慧，面对其他高级管理者时感觉更自信了。知识就是力量。

2. **技术技能。**员工完成工作所需要的任何技术技能，无论是计算机编程、工作流程，抑或是简单的叉车驾驶，都是非常重要的。技术技能培训可能是最容易确定和实施的。

3. **职业技能。**职业技能是一个非常宽泛的技能类别，而且每一项工作所需要的职业技能是不一样的。比如，从事管理工作的人必须学会如何解决冲突，如何激励员工，如何高效地主持会议以及如何处理表现不佳的员工，等等。从事销售工作的人必须掌握同样多的职业技能。要问的关键问题是："哪些职业技能可以帮助某个员工在当前职位上更高效地工作，或者让他为承担更高层次的职责做好准备？"

4. **行为和态度。**作为管理者，你的职责是促进有效的行为，从而产生想要的结果。行为和态度是培训和成长的主要领域，首先必须要明确。一旦明确了是什么样的行为和态度，当无效行为和态度出现时，你就可以及时修正它们。比如，销售代表可能需要学会如何让自己更有"狼性"；年轻管理者可能需要控制自己听到坏消息时的面部表情。关键是要确定：你的直接下属需要培养什么样的行为和态度，才能在自己的职责上取得成功。

一旦确定了员工需要成长的几个领域，你就可以决定实施培训的最佳方式。无论采用何种方式，成长都需要一个过程。尽管成长始于明确需要成长的领域，但通常也需要员工走出自己的舒适区。有时，在管理培训期间，我会让学员写下曾帮助他们发挥出最佳表现的三个人的名字，在每个人的名字旁边，我让他们写下此人做的什么事，对他们产生了影响。不管是在哪里做培训，答案通常都是一样的。管理者们告诉我，是挑战他们的人，是支持和信任他们的人。乍一看可能并不那么显而易见，但这两者都是成长周期的重要组成部分，而且都在你的直接影响范围内。

挑战

成长一般不会发生在人的舒适区内。成长需要不断拓展和尝试新事物，大多数人不会主动开启这一进程。就像鸟妈妈最终会将鸟宝宝从鸟巢推出一样，领导者必须定期将其直接下属从舒适区里推出去，启动他们的成长进程。员工的反应自然是发牢骚、抱怨和表达不情愿的各种面部表情。这些反应，大部分是伪装的恐惧。对直接下属的最大伤害是从不挑战他们。当你让吉尔主持两周后的团队会议时，她可能仅仅因为害怕而放弃。但是，如果她需要学习如何主持会议，那么，这就是她需要面对的一个巨大挑战，这当然会将她推出舒适区。

关键在于：你会将他们从舒适区里推出多远？如果推得太远，超越了他们认为可能的界限，会导致其敬业度降低。如果距离不够远，他们就不会感受到激励他们加倍努力的挑战。为安全起见，刚开始时推出的距离要小一点，让他们小赢，以增强他们的信心。当你对团队员工有更多之解之后，可以逐步挑战他们，让他们越来越远离自己的舒适区。花点时间考虑一下你该如何温和地推动每一个直接下属，促使他们开启成长进程。

支持和相信他们

脱离舒适区，通常会让我们的信心降低。此时，如果获得额外的支持，总会有所帮助。回想一下契克森米哈赖关于心流状态的研究，当挑战的难度与个人对其应对挑战的能力的看法达到了平衡，就会激发出个体的最佳表现。作为管理者，你想帮助你的直接下属树立有能力应对你分配给他们的挑战的信心。增强员工的胜任感是管理工作不可或缺的一部分。阿尔伯特·班杜拉关于“自我效能”（我们对自己能力的坚定看法）的研究发现，有很多种方法可以提高员工的能力。

1. 示范。当员工观察到其他人在做某项工作时，这会增强他们自己尝试这项工作的信心。当他们所观察的人的年龄或职位与他们接近时，示范会更加有效。

2. 过往经历。成功孕育成功。当员工们被提醒回想他们过去所克服的与现在的挑战相似的情境时，这会增他们的自我效能感。事实上，过往的表现是能力提升的最有效来源。有时候，尤其是当人们感到害怕的时候，往往会忘记自己过去取得的成就。此时，一个简单的提醒就能极大地增强他们的信心和投入的欲望。

3. 鼓舞士气的话。安慰和使人安心的话可以让人们平静下来，重新专注于手头的任务。在艰难时刻，鼓舞士气的话是管理者激励员工全心投入的一个简单办法。即便一个表示相信他们的简单举动，也会对他们的行为产生强大的影响。那些可能怀疑自己能力的员工，可以借用你对他们的相信，直到他们重新找回自己的信心。

有一天，我开车送我十几岁的女儿去参加舞蹈试镜。她感到紧张，是可以理解的，因为我们刚刚搬到这座新的城市，她谁也不认识。试镜时感到过度紧张并不能帮助她，这不利于她发挥出自己的最佳状态，所以，在去试镜的路上，我提醒她回想她过往表现出色的试镜经历，继续说一些有关她技能水平的加油打气的话，我想努力增强她的自信。当我做完这些后，她对我说："谢谢，这真的很有帮助。"那一刻，你会想："噢，我的十几岁孩子真的会听我的！"

员工可能不喜欢被推出自己的舒适区，你也不能每天都这样做。但是，一旦他们接受挑战并取得了成功，他们就会对你充满感激，感激你相信他们，即使在他们都不相信自己的时候。这会在你和员工之间，建立起强有力的纽带。

反馈——我成长了吗？

在我们家靠近冰箱的那面墙上，你会看到很多杂乱的铅笔道和日期，它们已成为我们罗宾斯一家的成长图。我的孩子们经常靠墙站着，将铅笔举到与头顶同样的高度，在墙上留下一个个小的记号。这个仪式有趣的地方在于：在我们的孩子还小的时候，他们有时会在上次测量之后的几天时间之内再次对比，看看自己是否又长高了。

因为我们往往很难看到自己的成长，所以我们需依赖外部信息来确认我们确实取得了进步。这种反馈非常重要，因为成长和美丽一样，都得由旁人说了算。如果你的一位员工正在成长，而他自己没有认识到，那么在他看来，他根本就没有成长。我们已经多次讨论过反馈的力量，这里又是一个需要运用反馈的地方。你不仅要帮助员工成长，还必须让他们知道你看到了他们的进步。这种反馈有助于他们保持积极性，增强信心，继续保持早先开始的前进势头。

发展员工的最佳方式

虽然让员工参加研讨会和课程，是员工发展不可或缺的部分，但什么也比不了老板对员工日复一日的辅导和指导。大多数员工没有持续发展的体验，因为管理者不知道如何做，要不就是管理者太忙，没有将员工持续发展作为其日常工作的一部分。

辅导员工并不像你想的那么复杂，也不需要花费大量时间进行面对面的会议。好的辅导快速、及时、实用。

上体操课时，我和妻子需要帮助。你不可能通过读书或听讲座学会后手翻技术，尤其是当你已经40多岁的时候。你需要一个教练。我们班里有15至20名成年学员，但只有一名主教练。每晚简短的热身活动后，我们就可以随意去玩自己喜欢的器械和设施。我最喜欢的运动之一是长蹦床。想象一下，有一个长30英尺、宽5英尺的蹦床，其中一端有一个很深的泡沫坑。如果跳入坑中，你会被无数方形泡沫块淹没，真是太好玩了。长蹦床主要用于练习翻筋斗。我非常想学会翻筋斗。在看了其他几个人的练习后，我开始上场一试身手。体操是一项技术性很强的运动，成功完成某些动作，有很多东西需要学习。要是有个一对一的私人教练，那是最好不过的了，可惜我没有。不过，我还有次好的。我们的教练肖恩辅导所有的体操学员。你可能想知道，一个教练怎么可能在两个小时内帮助15至20个人，而且每个人都在使用不同的设施。

肖恩在体操馆里四处走动。他来到长蹦床边，看到我尝试做前手翻。每次结束的时候，我总是后背着地，两眼对着天花板。肖恩很快把我拉到一边，对我说："不错，速度把握得很好，但下一次我希望你手臂着地前伸得再远一点。"他一边说，一边伸出手臂给我演示，“现在让我们再试一次。”

在肖恩的注视下，我又尝试了一次。这一次我专注于将胳膊伸得更长一些。结果，我是臀部着地，而不是后背着地，和之前相比有了进步。肖恩说：“不错，比之前更好了。我希望你今晚继续练习这个动作。”

之后，就像突然出现在我面前一样，他迅速离开我，来到高低杠处，帮助另一名学员下杠，而我接下来又练习了几分钟，专注于提高我的前手翻技术。那天晚上，肖恩又回来辅导了我两三次，每一次，他的小建议都会帮助我取得进步。

肖恩和其他成千上万像他一样的人证明，指导他人并不一定是一个漫长而艰难的过程。肖恩很会利用时间，我感觉自己也在成长，所以我每周都会过来继续练习。

是什么让肖恩成为一名如此高效的教练？第一个也是最明显的原因是他的经验，他的经验教会了他要寻求什么。当你想开始帮助员工实现发展时，首先要知道你在寻求什么。说到辅导员工，为了达到让每一个直接下属更加高效工作的目的，你的脑子里应该有他们每个人需要改进的行为和技能清单。每周尽力帮助他们中的某个人在某个小的领域予以改进。成长是一个过程。就像肖恩并没有试图在一个晚上教会我所有的东西一样。他知道学习前手翻的过程，他让我专注于在下一个步骤上取得成功。当你能够定义这些小的步骤，然后辅导你的员工取得成功，就能让他们获得小的成就和里程碑式的成功。

我永远不会忘记，经过几周的练习后，我突然学会了前手翻。我为自己取得的成就感到骄傲，对肖恩给予的帮助充满感激之情。他花了多少时间对我进行一对一的辅导呢？并不多。但在这有限的时间里，他专注于让我进入下一个步骤。

自主性在员工发展中的作用

体操馆让我喜欢的一点是它提供了选择。热身活动一结束，我们就被允许选择喜欢锻炼的项目。有这么多的选择，真的很激励人。当员工对自己的发展有发言权时，这会增强他们的认同感和改进的动力。除了了解员工需要在哪些方面发展外，了解他们希望在哪些方面获得发展，对你来说也很重要。员工通常会列出一份与你创建的清单类似的清单，这一点非常重要，如果他们的列表与你的列表项目一致，那么他们就会更加致力于获得成长。此外，询问直接下属他们希望自己下一步在哪些方面获得成长，有时你会发现一些你之前没有想到的领域，这些领域可以提升他们的技能，帮助他们变得更有效率。

利用优势

近些年来有很多关于优势管理的讨论。帮助你的员工运用优势，在优势领域获得成长，是十分有效的。如果员工能够在工作场所中利用自己的优势，他们会感到更加自信，觉得自己对团队更有价值，而且正如我们从心流状态理论所了解到的，他们会更愿意接受更具挑战性的工作。和改进自己的劣势相比，员工通常会在他们的天然优势领域获得最大的成长。挑战他们，让他们将自己的某个优势提升到一个新的高度，肯定能激励他们发展。这当然也需要你充分了解他们能给团队带来哪些优势。如果你还不太了解，请制作一个表单，列出每位直接下属已经拥有的优势和技能。如果你不知道他们的优势和技能是什么，不妨问问他们。当你需要开启每一位员工的快速成长进程的时候，这个列表是极其有用的。

培养你的员工不仅能驱动他们的敬业度，还可以给你提供其他许多鼓励和激励员工的领域。当员工心中怀有目标，主动接受挑战时，培训和发展可以帮助他们体验征服感和成就感。培训和发展还为你提供了对员工的努力予以奖励和认可的机会，并让他们有机会体验职业自主性。管理者犯的最大错误是试图使培训过程复杂化。你不需要大型计划，也不需要昂贵、耗时的培训课程。你可以利用快速、聚焦、及时的培训，帮助员工满足其成长需求。在本周的九分钟规划时间里，想出一名你可以在本周帮助他成长的员工，然后让它发生。

第六分钟小结

要点

- 员工需要成长，这会激励他们更加投入。
- 成长是一个过程，涉及以下几个方面：

  （1）明确成长领域

  （2）挑战员工

  （3）支持员工

  （4）给员工提供反馈
- 及时辅导是培训员工的一个好方法。

关键问题

- 本周我该如何帮助某位员工成长？

关键行动步骤

- 设计“成长”工作表。

本周我该如何帮助某位员工成长?

第十一章

团结：联系的需求

一箭易折，十箭难断。

—— 日本谚语

第十一章
团结：联系的需求

1914年，欧内斯特·沙克尔顿面临着人类历史上最为严峻的领导力挑战。沙克尔顿是一名探险家，他试图成为穿越南极洲第一人的不懈追求，在为了27名船员的生死抗争中终结了。在驾驶着“持久号”船驶向南极洲大陆的时候，他们被浮冰困住了。好几个月时间里，他们的船被困在一片冰冻的废墟里动弹不得。渐渐地，冰的压力开始挤压船体，直到最后船只裂开解体，沉入南冰洋海底（“南大洋”尚未获得我国官方认可。译者注。）。沙克尔顿和他的27名船员放弃船只，被困在一块巨大的浮冰之上，毫无获救的希望。想象一下28人安扎在一块巨大的冰块之上无法与外界取得联系的情形。

这些人不得不一连数月忍受严寒、食物定量配给以及意识到生命危在旦夕的日常压力。他们赖以生存的浮冰随时可能碎裂，将他们抛向冰冷的死神。这些是滋生混乱状态的理想条件。沙克尔顿知道，在船员们面临的诸多危险中，最严重的莫过于团队士气崩溃。他知道在其他一些探险活动中，人们是如何被自己的处境逼疯，进而导致悲剧发生的。如果他的团队分崩离析，所有人都会丧命。鉴于此，沙克尔顿一直坚持守夜，寻找着队员们士气下降的任何迹象。他卓越的领导能力最终帮助他的27名队员安然无恙地归来。

虽然你的团队可能不会卷入生死攸关的抗争中，但士气原则同样有效。工作团队可能是促进合作和团队凝聚力的理想环境，也可能是那些各自为战可能更好的人的不正常聚合。之所以如此强调团队的重要性，可以追溯到我们人类这一物种的起源。

我们的主要心理需求之一是与他人建立情感纽带。事实上，这不仅是一种心理需求，也是一种生理需求。我们的大脑化学结构天生就是为连接而创造的。显然，我们需要彼此。自从人类出现以来，我们中的独狼不断被自然选择所淘汰。如果他们没有被淘汰，那他们并非真的独狼。从人类最早的时候起，我们就知道人多是安全的，我们对孤独的恐惧是普遍存在的。正因为如此，我们每个人都会在团队中寻找安全感及许多其他美好的东西。与他人建立联系也有助于我们找到意义和目的。除了与家人和朋友在一起的时间外，我们把大部分时间都花在工作上。我们需要在这里找到有意义的联系。群体会释放出强大的社会力量，影响我们的行为。优秀的管理者深知这一点，并会认真考虑如何保护和建设他们的团队。

我的隔壁邻居最近辞职了，她再也受不了她的工作。她讨厌的并不是工作本身，而是她必须与之共事的团队。当她递交辞呈时，这家小公司的首席执行官感到震惊。当他问她为什么要辞职时，她告诉他，她再也无法忍受团队中的某个成员。首席执行官没有注意到这一问题。虽然首席执行官知道团队中有一名成员存在不良行为，并且把这名员工对其他人士气的影响降到了最低，但他这样做，使他失去了一名优秀的员工，同时将有问题的员工留了下来，这实际上削弱了他的团队。

健康的团队可以提供一个鼓舞人心的工作环境，而不正常的团队将很快削弱团队成员的士气和敬业度。密切关注团队的整体士气是管理者的重要职责。你不仅要关注团队士气，还需要持续做些小的事情，以培养正常、健康的团队环境。当你的团队健康团结时，它将为你的员工提供一个有利于高效工作的环境。健康的团队可以提升成员的敬业度和积极性。建设团队需要专注和努力，但却常常淹没于日常的琐碎工作中。关键是让团队团结起来。团队越团结，就越有效率。有些原则像黏合剂一样，把人们凝聚在一起。而有些原则则像溶剂一样，会侵蚀人们之间的纽带。团结的团队使用大量黏合剂，而将溶剂拒于千里之外。

团队黏合剂

有三个原则可以将团队团结在一起，它们是目的、信任和责任感。下面将逐一对它们进行讨论。

目的

任何团结的团队都必须以比自己更重要的东西为中心。团队存在总是有理由的。一些个体为了特定目的碰巧组织在一起，他们组成的不是真正的团队。他们只是团伙，缺少团队所拥有的激励力量。如果你目前的工作环境（是团伙而不是团队）符合上述描述，你要明白，你所能构建的团队类型是受到限制的。从关系和丰富工作场所的角度看，关注团队建设仍然有价值，但除此之外，在团队建设上花费额外的时间只会取得有限的成功。

团队和个人一样，都想有所成就。当团队朝着某个目标努力时，该目标就成为他们努力的焦点。当存在一个每个团队成员都为之努力的更大目标时，放下自我和个性就变得更加容易。契克森米哈赖关于心流的研究，在这里也是适用的。就像个体一样，团队需要明确的期望或目标，需要团队成员共同应对的挑战，也需要持续的反馈来帮助它们监控自己的进展。你的团队正在试图取得什么样的成就？团队成员是否有为之奋斗的共同目标？如果有，他们知道这个目标是什么吗？他们确切地知道自己现在的位置距离目标还有多远吗？这些问题的答案提供了将人们联系在一起的黏合剂。建设团队时，想想足球——而不是高尔夫——足球场上，每个球员的努力都在为共同的目标做贡献。只要你能创造一个共同成功的环境，就能帮助员工找到意义，让他们觉得自己被他人依赖。这种社会联系会激发人们做贡献的欲望，同时不让他人失望。贡献让我们意识到自己的重要性，它植根于我们的联结需求以及群体给我们这个物种带来的安全感。作为管理者，你的工作之一就是不断提醒你的团队成员不忘工作的意义和目标。通过经常让团队成员了解工作的目标，你可以帮助你的团队成员团结在一起。

信任

作为管理者，你的工作不是让团队成员彼此喜欢。那些成员之间本性上相互吸引、似乎一见如故的团队确实有优势，但是，除了友谊之外，团队还需要在信任和尊重的海洋中畅游。如前所述，信任是领导者用以交易的货币，团队也是如此。为了一起合作共事，必须打破彼此间的隔阂。当人们互相信任时，他们会为团队贡献更多力量，更加致力于团队的成功，并渴望支持其他团队成员。在充满信任的环境中，人们会有安全感。当人们感到安全的时候，他们会分享更多的想法；当有不同意见的时候，他们会直言不讳地表达出来；在解决他们的关切时，不必害怕别人会因此感到不快。

害怕他人的评判会毁掉一个团队，而对评判的恐惧，源于缺乏尊重。缺乏尊重会通过一些行为表现出来，比如说闲话，会后开小会，贬低他人的意见，暗中翻白眼，不说真话。如果你的团队存在上述任何一种行为，那么你可能面临着信任和尊重的问题。我曾在一次探险途中离开大本营，想独处一会儿。我犯了一个错误，没有告诉任何人我要去哪里。当我回来的时候，其他队员已经在厨师帐篷里大快朵颐。领队约翰看到我走过来，在我进帐篷前，他追上了我。他就我离开大本营的时候没有告诉任何人进行了简短的批评，然后告诉我，我表现出了对厨师和其他登山者的不尊重。起初我对他的话感到有些惊讶，但后来我意识到，他的话是正确的。这样做确实对人很不尊重，尽管我并非有意而为之。进帐篷后，我向厨师和其他队员道歉，他们只是笑着说没什么大不了的。但约翰说的没错。通过指出我需要尊重我们的团队，他是在确保这种不尊重人的事情不会在我们的营地中站稳脚跟。

团队信任度低的另一个迹象是团队中缺乏冲突。我并不是在谈论关系或性格冲突，而是有关工作流程的冲突。当人们觉得他们对于工作流程有不同意见并可以以尊重人的方式表达出来时，这是很健康的，而且有利于创新和创造性。团队中尽是沉默的服从者，最多只能表现平平。当团队成员相互信任时，他们就能进行热烈的讨论，并积极地提出不同意见。当个人觉得他们可以分享自己的意见、想法和顾虑而不必担心受到孤立时，团队就会变得团结。创造一个这样的环境，与你这个领导者的关系比其他任何人都大。你的团队成员会参与热烈的讨论吗？团队成员觉得可以畅所欲言，郑重地分享自己的想法、主意和意见吗？如果不是这样，你可能需要调查一下原因，并努力建立更多信任和尊重。

责任感

高效团队的第三个原则是责任感。当团队成员不能站出来承担起自己的责任时，就会削弱团队的士气。对团队来说，“人人为我，我为人人”显然是一句不错的座右铭。有时候，员工没有承担起责任，是因为权责不够清晰。团队成员必须清楚地了解对他们的期望。如果他们能够看到自己的表现如何影响其他团队成员，这也会有所帮助。当职责和任务明确时，就很容易让每个人负起责任。责任感是一个重要的工具，可以将团队凝聚在一起，激励员工的表现。当每个团队成员都遵守自己的承诺时，就会发出这样的信息：每个人都尽了自己那份力量，这会进一步促进员工的公平感，激励员工更加自由地投入工作。

威胁团队的溶剂

目的、信任和责任感都能把人们凝聚在一起，但三者都可能被溶剂快速溶解。溶剂的问题在于，黏合剂形成的联结，溶剂只要用一半的时间，就可以将之溶解。虽然团队建设的重点是给团队添加更多黏合剂，但管理者必须对削弱团队关系的溶剂予以更多关注。

欧内斯特·沙克尔顿意识到，必须把保护团队士气作为头等大事。正如“持久号”船员所认识到的那样，团队面临的最大危险不是寒冷的天气或移动的浮冰，而是某些可能对士气造成负面影响的行为。作为管理者，员工期待你处理这些行为，如果你不处理，你可能会失去团队成员此前给予你的一些信任。

更糟糕的是，你的一些最优秀的员工可能会辞职——就像我的隔壁邻居一样——去寻求加入一个更快乐、运行得更好的团队。

问题行为

最好将如下几种人视为“行为”。行为可以被影响、塑造和改变，所以用这种方式看待问题员工总是好的。与其说他们是有问题的员工，不如说是他们是表现出问题行为的员工。如果你的员工中出现如下任何一种行为，他们需要你立即予以关注。

偷懒的人 没人愿意被人占便宜，我们对看似不公平的情况非常敏感。事实上，很多员工都表示想要一个“公平的老板”。我们希望工作场所是公平的。虽然我们可能不知道每个同事拿多少薪水，但我们对其中一些人的努力程度有大致的了解。当团队中有人被公认为偷懒的人，而他却未被追究，这会严重削弱其他成员的积极性。当员工看不到管理层对偷懒的人采取任何措施时，问题就会变得更加严重。其他员工可能开始质疑，为什么偷懒的人只付出了一半的努力，却拿和其他员工同样多的薪水。虽然员工无法控制那个偷懒的人拿多少薪水，但他们可以控制自己的努力程度。此时，即使是心地最善良的员工也会禁不住对自己说：“我为什么要付出双倍的努力才能拿到同样的薪水呢？这不公平。”在这种情况下，他们禁不住会降低自己的敬业度，以消除这种不公平。不经意间，整个团队的水平就会跌落至那个偷懒的人确立的水平。在团队中，一个偷懒者对团队积极性的伤害，要大于一个努力工作的员工对团队积极性的提升。所以，管理者一定要处理偷懒的员工。

令人讨厌的人 我是在一个农场长大的。我记得有一窝臭鼬决定在我家鸡舍下安家。众所周知臭鼬会吃鸡，这情况可不妙，所以我们想办法摆脱这些臭烘烘的新朋友。臭鼬是很神奇的动物，但正如你所知，它们拥有强大的防御机制——喷雾。有时，我们家的狗狗会被一只臭鼬喷到，那股味道会在农场里逗留数天也无法散去，真是太恶心了。你很快就会学会远离臭鼬，因为你害怕它们“喷雾”。

工作场所的臭鼬也是如此。他们是难以相处的同事，在他们身边，你行事必须小心翼翼，因为你不想激怒他们。他们总是处于防卫状态，是真正的戏精。在某种程度上，他们很像情绪恐怖分子，他们用消极态度、防卫状态和情绪波动来绑架每一个人。他们是人人都知道要避开的人，也是团队里最不受待见的人。管理者不能像农民一样，躲避或忽视臭鼬一样的员工，这样做对其他员工是不公平的。和“臭鼬”们谈谈他们的无效行为，明确告诉他们你希望他们改变的地方。对付“臭鼬”，通常不能毕其功于一役。他们需要坚定的方向和责任感。哦，做好被他们喷到身上的准备。

爱抱怨的人 没有人喜欢爱抱怨的人，就连他们自己也不喜欢。尽管有研究表明，悲观实际上会缩短人的寿命，但仍有不少人认为杯子里有一半是空的。团队里有一个爱抱怨的人或悲观主义者，就如同带一个吊唁者参加爱尔兰守灵一样。我妻子是爱尔兰人。她叔叔去世时，她们一家人聚在一起进行传统的守灵仪式。即使在亲人离世时，爱尔兰人也能找到狂欢的方式。不过，当一位满怀好意的邻居来到守灵仪式，哽咽着对逝者家人表达悼念之情时，狂欢就结束了。"谢谢。"他们礼貌地回应，但他们的真正意思是，"感谢爱抱怨的人毁了我们的聚会。"

爱抱怨的人会给团队的精神和情绪泼冷水。他们会削弱团队的乐趣，甚至会毁掉团队的创造性。悲观主义的问题在于它有很深的根源。悲观主义者通常不会在一夜之间改变。如果你的团队里有悲观主义者或爱抱怨的人，忘了试图改变他们这回事。虽然他们可以学着变得更加乐观，但还是把这个任务交给他们自己和他们的治疗师吧。你的任务是将其破坏性行为降至最低。要做到这一点，你必须找到引发悲观情绪的行为，并就如何做出替代性反应为他们提供一些建议。随着时间的推移，你至少可以将他们对其他团队成员的负面影响降至最低。

欺负人的人　欺负人的人在团队中横行霸道，让其他人觉得自己很渺小。他们喜欢掌控一切，喜欢为所欲为。他们倾向于相信自己一直都是对的，并且会把自己的意见强加给别人，而贬低其他人的意见。如果欺负人的人得不到处理，他们就会继续打压团队的精神，让你再也听不到好的主意和建言。通常，欺负人的人并非要刻薄待人，他们只是没有学会如何让自己的个性柔和下来。如果团队里有这样的人，你要做好大干一场的准备，下力气解决这一问题行为。

如何解决问题行为

作为管理者，你的职责之一是保护你的团队免受上述行为的困扰。上述任意一种行为都可能对团队士气构成严重的危险，而且因为你是领导者，你的直接下属期望你去处理这些问题行为。不管在什么时候，当你面对偷懒的人、令人讨厌的人、爱抱怨的人及欺负人的人时，记住如下对付他们的简单步骤。

1. **行为、行为、行为。**始终从简要描述他们表现出的哪些行为需要改变开始。关注问题行为本身，可以使你避免使用一些动辄品头论足的陈述，那样只会使情绪升级、事情恶化。举个例子，假如你的团队里有个喜欢偷懒的人，我们不妨叫他乔伊。乔伊总是滥用他的休息时间，休息结束后不及时回来上班，而且吃午饭的时间比谁都长。乔伊的懒惰影响了整个团队的士气。虽然对乔伊说“你太懒了”可能让你感觉良好，但从长远看，这对你没有任何好处。避免说这种动辄品头论足的话，你就能够专注于问题行为本身，即乔伊滥用午餐时间、休息时间结束后不及时回来上班等。

2. **后果。**在你找到问题行为之后，帮助员工了解行为后果。

在乔伊的案例中，可选择的行为后果有很多。乔伊滥用午饭时间，他的同事会不尊重他，这意味着很难提拔他到责任更大的职位上。另一个可能的后果是，他的示范会使其他团队成员泄气，降低团队的整体职业道德。乔伊休息结束后不及时回来上班，可能影响团队的工作效率，让其他人的工作进度都落后于计划。这里的重点是：将乔伊的行为与工作环境中的实际后果联系起来。

3. 指导。在你发现了他们的问题行为并将行为与行为后果联系起来之后，告诉他们你希望他们做什么或希望他们停止做什么。

给出纠正性的反馈不需要花费很长时间，而且越快越专业，效果越好，没有人愿意被批评20分钟。大多数问题行为不会马上就有改变，但如果你不断去解决行为问题——鼓励有效的行为，劝阻不适当的行为——要么你会看到想要的改变，要么是有问题的人最后离开了。

更多黏合剂

增强团队成员间的社会凝聚力，是增强信任、提升士气的无形方法之一。社会凝聚力是将人们紧密联结在一起的黏合剂。把人们聚在一起、帮助他们建立友谊是有好处的。对于具有更强社交天赋的人来说，与他人互相联系是一件很容易的事情；对于另外一些人，比如更注重任务的人，与他人建立关系，则需要付出更多的努力，此时就该管理者发挥作用了。你可以发挥催化剂的作用，建立一个促进员工互动和相互深入了解的环境。建立这些联系，可以增进成员间的信任和善意。要做到这一点，你并不需要搞花费不菲的高大上的团队建设日。最好的团队关系是通过日复一日的小互动建立起来的，这需要管理者的创造力和主动性。

保罗的军队

保罗是我指导过的一名管理者，他希望增强员工的团队精神。我们在一起进行头脑风暴，之后保罗想到了一个简单的办法，他决定：下个月里，每周三早上8点，他的10名直接下属都要在他的办公室里会合。之后，他会带着他们到一家不同的特色咖啡馆里待45分钟，讨论除工作外的一切事情。规则很简单：每个员工必须在早上8点前到他的办公室，否则就不知道团队去了哪家咖啡馆。在那里，你想要任何东西，保罗都会给你买。你可以谈论任何话题，但工作除外。基于保罗定的死板的8点出发时间，保罗每周一次的外出喝咖啡活动有了自己的名字，他的团队成员称之为“保罗的军队”。如果谁来晚了，谁就错过了一次机会。

保罗这个简单的方法很快就受到了欢迎，在团队内外都是如此。不久，另一个团队的成员问他们的管理者，他们可不可以做类似的事情。之后，第三位管理者也被她的员工问及，他们是否可以一起做些事情。愤世嫉俗的老板可能认为，这种练习不过是员工试图逃避工作而已。对有些员工来说，可能确实如此。但大多数员工渴望藉此能与他人建立联系，特别是那些与他们一起共事的人。大约6个月后，我有机会就保罗的实验询问他的一名直接下属。她脸上露出灿烂的笑容。“我们玩得很开心。”她笑着说道，“我们一直笑啊笑。”我们无法用金钱来衡量这样的描述的价值。难怪保罗团队的员工留存率那么高。当然，保罗甚至不需要离开办公室，他们也可以在某个员工的办公室隔间里做同样的事情。重要的是，人们渴望建立联系，有时，他们只是需要有催化剂，就可以行动起来。

“气象学家”和“剪贴簿专员”

对一些管理者来说，密切关注团队士气是一件困难的事情。并非每个人都有分辨气候的天赋。我经常向管理者传达的一个想法是，指定团队中的某个人作为你的“气象学家”。我们都熟悉新闻中的气象学家，他们接受过训练，能够解读气候并预测未来的天气。在人际关系方面，有些人也具备这样的能力。他们能读懂人的内心，似乎能够感觉到团队士气受到的哪怕是最轻微的影响。有这样的人在你的团队中，那可能是一笔巨大的财富。如果你幸运地拥有这样的人，你可能想让他做你的“气象学家”，对团队士气予以格外的关注，向你报告那些你可能没有关注到的情况。当然，我并不是说要指定一名间谍或告密者。我谈论的是这样一个人：他认为自己可以自由地把你拉到一边，对你说：“我想我们的团队对财务部门最近的裁员感到非常沮丧。”

在我职业生涯的早期，我的一位老板教我懂得建立记忆的力量。记忆，至少是美好的记忆，是很强大的东西。它们是过往的快照，能唤起人们的积极情感，提醒人们他们之间的联系。记忆对团队来说非常重要。记忆的问题在于，在被催化剂唤醒之前，记忆大多处于休眠状态。不管是一位同事说了句“记得我们曾……”，还是大家争相传看的一张6个月前团队午餐时的照片，这样的触发因素可以帮助团队团结起来，鼓舞团队的士气。只要离发生的时间有足够的间隔，即使是糟糕的时光，也能形成美好的记忆。想想你最后一次外出露营时遭遇帐篷漏雨的情形。这样的不幸经历常常会成为日后人们的笑料。

为了帮助挖掘过往经历的力量，不妨指定某个团队成员作为团队的官方“剪贴簿专员”。这个人的任务就是负责拍照，捕捉那些美好的时光，之后再传播给大家看。在我过去领导几个非营利机构时，我总会组织年末晚宴，以感谢所有的员工和志愿者。我们通常会在晚宴结束时播放一个幻灯片，内容是过去一年积累下来的照片和视频。我们会给幻灯片配乐，并确保每个人都有机会出现在大屏幕上。这总是晚宴上最受欢迎的环节，因为人们可以欣赏到能勾起对过去一年强烈记忆的各种影像。播放完毕后，灯光重新打开，许多人眼里都噙着泪水。一年的记忆始终存在，但是，如果它们处于休眠状态，就不会产生什么情感影响。幻灯片作为一个情感触发器，释放了那些美好的情感，提醒所有员工我们属于一个多么优秀的团队。

保护新员工

想象一下你生来就是斑马。非洲稀树草原让小镇上那片糟糕的地方看起来跟迪士尼乐园似的。一旦你进入草原内部，就会身处危险之中。狮子、猎豹、鬣狗潜伏在远处，打量着兽群，寻找体弱多病的幼崽。小斑马出生后的头几个小时至关重要。它们能否生存下去，取决于两件非常重要的事情：一是它们快速站立起来的能力，因为没有人告诉过狮子要对不会跑的小斑马手下留情；二是它们从一群斑马中找到自己母亲的能力。如果你认为区分邻居家的同卵双胞胎很困难，想象一下从100位乍一看一模一样的女性中挑选出谁是你的母亲。在非洲稀树草原，知道谁是你的母亲是一个生存问题，因为在生命最初的那几天，母亲是你的生命线和食物来源。

幸运的是，对于斑马来说，大自然为它们提供了解决这个问题的简单方法，这个方法被称作“印刻”。母斑马生出小斑马驹后，她会站在小斑马驹与斑马群之间，不让小斑马看到除她之外的其他斑马。在此期间，小斑马会铭记妈妈身上的条纹图案和气味，这样它以后就总能在斑马群中找到自己的妈妈。这个“印刻”方法，对于斑马的生存至关重要。

如同斑马群有自己的策略来保护斑马驹一样，组织也应该有保护新员工的策略。一项研究发现，高达25%的新员工会在入职后一年内离职。为避免新员工离职带来的损失和后果，很多公司设计了“入职计划”。这样的入职计划很有必要，大多数公司的人力资源部门已经在实施这样的计划或正在制订计划的过程中。这些计划因组织而异。这方面的信息很多，可以帮助你制订一个这样的计划。一些入职计划存在的问题是，它们过于学术化和任务导向。尽管这些计划（通常包含在一个大活页夹中）初衷是好的，但它们只是告诉员工有哪些福利待遇，以及在需要某个方面的帮助时该向谁咨询。这些计划缺乏的是让员工留在团队中的力量。参观公司设施、与首席执行官共进欢迎午餐固然有一定作用，但它不一定能将新员工从情感上联系在一起。当新员工和你的工作场所从情感上联结在一起时，就会建立起一种强大的联系，从而增强他们的主人翁精神和归属感。帮助新员工建立如下四种独特的关系，可以形成这种联系。

1. 和管理者的关系

员工离职的首要原因是对管理层不满。如前所述，管理者对直接下属的生活有着不可思议的影响。虽然长期工作的老员工喜欢多年来和你建立起来的关系，但新员工却要从零开始。与新员工建立关系，需要你持续付出努力。当你雇用新员工后，在日程安排中为他们留出时间非常重要，正是基于此。给新员工留出固定的时间，他们藉此了解你，知道你对他们有什么期望，并有机会看到你对他们的关心（见第五章）。你和他们之间的关系比其他任何事情更能决定他们在工作场所的满意度和幸福感。在你的日程安排中为新员工留出一些时间，尤其是在他们入职的早期，将有助于你和新员工之间建立信任。

2. 与团队的关系

虽然入职后第一周，大多数团队都会带新员工外出共进午餐，但除此之外，几乎没做其他帮助他们融入团队的事情。这并不是因为人们不友好，他们只是太忙了。良好的工作关系有助于提升员工的幸福感和敬业度。但并非每个人都有结交新朋友的天赋。为了帮助你的新员工，一点点幕后努力就可以产生奇妙的效果。每周尝试让一名新员工与一名老员工结对。这很简单，比如，让新员工跟着某个老员工进行影子实习；或者给老员工乔伊打电话，问他本周可否带一名新员工共进一次午餐或喝一次咖啡。乔伊可能很愿意提供帮助，但是没有你的推动，他可能不会主动这样做。通过在新员工和团队间创造互动的机会，你帮助他们建立情感上的联系。否则，这种联系可能需要长得多的时间才能建立起来。

3. 与其角色的关系

重要的是，你要帮助新员工看到他们的表现与其表现对公司的影响之间的关联。你越快、越清晰地帮助他们看到这种关联，他们与自己角色之间的关系就越密切。如果新员工的角色会影响到公司里的其他人，确保他们有面对面交流的机会。比如，当新员工比尔见到黛安娜时，他了解到，他的表现让她的工作更轻松或更令人沮丧，这有助于他与自己的表现建立起情感联系。或者，当比尔看到自己的工作对整个团队、客户及整个公司产生影响时，这有助于他增强对其工作的责任感。当员工觉得自己值得信赖时，这有助于他们与自己的角色建立更强的情感联系。

4. 与组织的关系

将新员工与组织联系在一起非常有效，但却常常被忽视。新员工对公司越早产生自豪感，留住他们的机会就越大。要做到这一点，管理者必须帮助新员工认识到，公司是有灵魂的。当人们意识到公司不仅仅是为了赚钱时，他们会更加关注公司。每个组织都有一张资产负债表，团结的公司有更多东西比利润更值得自豪。

回馈社会

很多组织在回馈社区、参与有意义的事业方面做得不错，需要尽早且经常性地强调这一点。如果有办法让新员工亲身参与到公司的慈善工作中来，这会增强他们对公司的自豪感。

公司故事及亮点

公司受到的奖励和特别表彰也是值得炫耀的，但故事的效果比奖杯的效果更好。讲述公司历史的故事让你的公司变得栩栩如生，尤其是当这些故事传达了公司价值观和文化的时候。卡米切尔林奇是一家位于明尼阿波利斯市的广告公司。如果你在这家公司上班，肯定有机会参观公司的三菱会议室。在那里，你会发现一块玻璃下面有一堆皱巴巴的金属，可以拿它当咖啡桌使用。桌子后面的故事是这样的：很明显，卡米切尔林奇公司向三菱公司推销自己，但遭到了拒绝。所以，在全体员工的围观下，团队成员将一辆三菱汽车压扁了，于是有了现在这张咖啡桌。这个故事描绘了公司前卫、有趣的文化，并激发大多数人说："哇，太酷了！"找到你的精彩故事，将它们讲给新员工听，这会让你的公司鲜活起来。

社交亮点

大多数工作场所都有自己的传统和独特活动，准备一本相册来展示其中一些传统和活动是个不错的主意。如果你将之融入团队午餐中，那效果会出奇地好。共同的记忆带来的欢笑，肯定会给新员工留下深刻印象。

这是家事

保护新员工的最佳方法之一，是让整个团队都参与进来。在新员工入职前，同团队开个策划会，就团队所有人参与新员工入职流程的不同方法进行集思广益。你可以将之变成一个团建活动。通过向全公司宣布，在欢迎新成员方面，你们在所有团队中是做得最好的，你可以激起团队成员的自豪感和身份认同。团队迈出的这一步，会激发团队成员的自豪感和责任心。

与新员工建立联系的关键依然是觉察力。新员工上岗后几周，会经历各种情绪变化及挑战。在帮助新员工从情感上建立与工作场所的联系方面，你做的越多，他们留下的可能性越大。

总结

团队是大部分工作场所的重要组成部分，作为管理者，你必须了解团队士气的最新情况。建设团队不需要经常打断每个人的日程安排，也不需要外出开展耗资巨大的团建活动。最好的团队是通过一天天时间、一次次会议和一个个记忆打造出来的。通过围绕共同的目标团结起来，培养信任和尊重，经由明确的目标和责任感促进主人翁精神，你的团队可以避免出现那些可能会降低团队效率的破坏性问题行为。在每周九分钟规划时间里，花点时间考虑一下本周你可以做点什么，来让团队更加团结。

第七分钟小结

要点

- 团队建立在如下因素基础上：

  （1）意义。

  （2）信任。

  （3）责任感。

- 保护团队远离问题行为非常重要。
- 利用社会联系增进团队团结。
- 让新员工与以下几方面从情感上建立联系来保护他们：

  （1）你。

  （2）你的团队。

  （3）你的组织。

  （4）他们的角色。

关键问题

- 本周我能做点什么使团队更团结？

关键行动步骤

- 搜索“团结的团队”清单。

本周我能做点什么使团队更团结?

第十二章
殡仪馆的笑声：乐趣的需求

一生中我没有哪一天在工作。我每天都快乐着。

—— 托马斯 · 爱迪生

第十二章
殡仪馆的笑声：乐趣的需求

我走进去时，殡仪馆里很安静。想想也是，殡仪馆里总是很安静的。我去那里，是要见一个叫迈克尔·皮尔森的人，他是皮尔森殡仪馆的负责人。我有一个急切想弄明白的问题，想从他那里得到答案。我的问题是：在殡仪馆工作的人有什么乐趣吗？

很少有什么工作比在殡仪馆工作更加严肃。为逝者提供庄严而恭敬的服务，帮助他们向亲人告别，是地球上最重要的工作之一。但是，如果你和我想的一样，这里看起来可不像是一个有乐趣的工作场所。事实上，在外人看来，殡仪馆似乎是一个令人沮丧的工作场所。毕竟，你要不断与悲伤的家人、异常严肃的环境和尸体打交道。那么，在殡仪馆工作的人有什么乐趣吗？当时我正在做一个有关工作场所的乐趣的节目。为了解开这一谜团，我决定采访一位殡仪馆负责人。

当我问起工作场所的乐趣的重要性时，迈克尔·皮尔森十分肯定地告诉我，“这非常重要。”他接着说，“在不忽视工作严肃性的同时，我们必须享有乐趣。”

迈克尔向我讲起乐趣在帮助员工顺利度过一天、尽可能快速高效工作方面所发挥的重要作用。他接着说，实际上，从工作中获得些许乐趣有助于员工更好地为客户服务。在殡仪馆这样的环境中，乐趣犹如解毒剂，可以抵消每位员工身上所承受的压力和情绪负担。所以，如果在殡仪馆工作的员工都被允许在工作中获得些许欢乐，那么我们其他人呢？

乐趣与工作效率

对工作乐趣的主要指责是，乐趣似乎不利于提高工作效率。或许我们大多数人还回想得起，上中学打工时我们总喜欢偷懒耍滑。在我十几岁的时候，我和6个小伙伴在高尔夫球场工作，用高尔夫球车赛车并不是我们的工作内容，但是我们找到了实现的方法。虽然赛车十分好玩，但挤占了我们完成工作的时间。和其他东西一样，乐趣可能被滥用。但不管你相信与否，适度的乐趣事实上可以提高工作效率。造成这种现象的原因有很多，最起码的一个原因在于，乐趣产生的幽默会对压力产生强大影响。

美国压力研究所的研究表明，工作压力是美国成年人最大的焦虑来源，而且在过去几十年里，这个问题变得越发严重。和工作相关的压力，与心脏病、高血压及其他病症发生率增加存在关联。事实上，在纽约等大都市，有大量文献记载了工作压力与心脏病爆发之间的关系，以至于任何一个警务人员在工作中或下班后心脏病发作都会被认定为工伤，并获得相应的赔偿。

如今，许多公司都把工作场所的安全作为最优先事项，不惜花费数百万美元对自己的员工进行培训和教育。工作场所发生的伤害会对个人生活造成毁灭性的影响，还会破坏生产力。但压力造成的损害，无论是对员工生活的损害，还是对公司生产力的损害，即使不超过身体伤害造成的损害，也很容易与之相当。一项研究发现，近80%的工伤与压力有关。压力不仅会导致心脏病发作等身体伤害，还会产生情绪上的连锁反应。压力过大的人表现更差，更倾向于将挫败感发泄到同事身上，并且更有可能辞职。但是，减压问题并没有像工作场所中存在的其他更加明显的安全问题一样引起关注。你最后一次在工作场所看到一张海报，上面记录着你的工作场所有多少个无压力受伤日，是什么时候？问题之一是，我们已经开始接受，一定数量的压力引起的伤害是一种常态。杰克对安迪的责骂可能确实有点过分，但放过他吧，他承受的压力太大了。

压力是有毒的。好消息是：有几种抗毒液可以中和它的毒性，其中之一就是乐趣。如果你想控制工作中的压力水平，一定要不时往工作中注入一些乐趣。就像静脉滴注一样，哪怕是最少量的乐趣，也能减轻压力带来的有害影响。笑能够释放令人愉悦的内啡肽，降低人体血压，帮助我们忍受更多痛苦。那些认为工作乐趣会降低工作效率的管理者们并没有看到这一证据。前述殡仪馆负责人告诉我，在工作中享有乐趣是非常重要的，他的话似乎是对的。

乐趣会提高工作效率的另一个原因是，它实际上会增加员工的出勤天数。工作中的乐趣和笑声与减少旷工和病假天数存在关联。虽然压力会抑制我们的免疫系统，但乐趣和笑声可以增强我们的免疫系统，保护我们不受疾病侵扰。如果你还不能被完全说服，欢笑事实上还可以增强我们对痛苦的耐受力。面对痛苦的刺激，乐趣有助于我们忍受痛苦。

乐趣可以增强创造性

迈克尔·克尔是我的好朋友，他碰巧是研究工作场所的幽默方面的世界顶级专家，同时还是一位在该领域备受欢迎的演说家。根据迈克尔的研究，工作场所的幽默是一件严肃的事情。如果没有幽默，员工就会变得不那么具有创造性或工作积极性。任何公司要继续发展，创造力都是不可或缺的。当今的企业要在竞争中保持领先，比以往任何时候都更依赖创新。小孩子总是有很多点子，原因在于，他们每天大部分时间都在玩耍。相较为完成月度报告而处理数据，玩乐让我们进入不同的大脑区域。当人们享有乐趣的时候，更有可能想出有助于提高效率的好点子。乐趣还能打破日常工作的单调乏味。大多数人的工作中都存在单调乏味或不需要怎么动脑子就可以完成的内容。幽默可以让脑子休息一下，就如同让大脑去做水疗。乐趣可以恢复你的精力，能让你带着全新的能量回到工作中。

乐趣可以保护你的团队

我们在上一章探讨了打造团结团队的重要性。欢笑是一种将人们凝聚到一起的强力黏合剂。“工作场所的幽默，”克尔说，“使人心情轻松，维持正能量的氛围，这有助于保持高昂的士气。”当士气高涨时，团队会更好地运作，因为同事们融洽相处。乐趣和笑声可以化解办公室里的紧张气氛，开怀大笑可以帮助每个人获得所需的洞察力。很难与经常一起开怀大笑的人发生冲突。当同事相互喜欢时，他们更有可能付出额外的努力来帮助团队。还记得第十一章提到的“保罗的军队吗”？当我就“保罗的军队”询问保罗的一名直接下属时，她面带微笑，两眼发光，告诉我那是多么地有趣。一起玩耍的团队，永远也拆不散。

乐趣可以改进交流

工作场所的交流非常重要，交流的障碍越少，信息流动越容易。信任对于良好的交流是必不可少的，对此我们已经进行过很多讨论，但幽默也在良好的交流中发挥着巨大的作用。迈克尔·克尔强调，幽默和乐趣可以开启交流的通道。幽默能扫除交流的障碍，让人们放松心情。现场录制的电视情景喜剧在录制前几分钟，通常有一位喜剧演员暖场。坐在一群陌生人中间，会对人产生抑制效应，让人们变得更加矜持，更加谨慎，更少与他人进行互动。暖场结束后，观众的情绪发生了变化。和一群陌生人一起开怀大笑，会极大地影响一个人对这个群体的看法。欢笑在观众中间建立起了微弱的联系，可以提高他们的舒适度，打开交流的通道。当人们彼此感觉舒适时，交流的障碍就会减少。

乐趣是一种战略性工具

在前面的章节中，我们探讨过领导者保持觉察力的重要性。关注团队的旅行节奏是很重要的。我所说的旅行节奏，指的是团队在任意时间的总体活动水平和压力水平。大多数工作场所都会经历这样的循环：极度繁忙的时段之后，是每个人试图喘口气的短暂间歇时间。作为管理者，你要和这个节奏保持一致。如果团队长时间工作过度劳累，员工就会感到疲惫，神经紧张，压力水平上升。此时，乐趣可以发挥重要的作用。

当团队一段时间以来工作格外辛苦时，挤出时间进行玩乐是非常重要的，哪怕只有很少的一点时间。这个时间可以是谁也不许谈论工作的团队午餐，或是在团队会议上进行简单的敲门笑话比赛。关键在于，作为管理者，要了解团队旅行节奏的最新变化。在团队经历了一段异常忙碌的时间后，一定要有一定的娱乐时间。如此，乐趣就成为帮助保护和激励团队的战略性工具。

乐趣是一个重要标志

在我和迈克尔·克尔交谈时，他对我讲的最引人注目的事情之一，是他把幽默看作工作场所是否健康的一个标志。他说，与其说幽默是员工为工作场所增添的东西，不如说它是许多事情进展顺利的一个标志。幽默、乐趣和欢笑是工作场所健康程度的一种评判标准。工作场所中缺乏乐趣与幽默，是有些东西不对劲的标志。定期放松心情，给工作增添乐趣，管理者会因此而受益。在恰当的时间地点给工作环境中增添乐趣，是一件具有战略意义的事情。

从动机角度看，有些工作环境比其他工作环境更难应对。有些工作无法与意义联系起来，有些工作无法满足人们的成就需求。在这样的工作环境下，可以通过增添乐趣来提升工作的愉悦度。当本书讨论的一些深层次需求没有得到满足时，乐趣可以提供某种形式的慰藉。当管理者试图给工作增添一些乐趣时，那么，每周在停车场收费站那样的地方工作40小时，就会变得更容易忍受一些。

飞鱼

在我十几岁的时候，父母带我去了趟华盛顿州的西雅图。我对那个假期只有几段记忆。我记得第一次坐豪华轿车；在老国王球馆里观看水手队的比赛；参观一个拥挤的集市，人们把鱼抛向空中，旁观者驻足围观。鲭鱼被抛向顾客头顶的上空；鲑鱼被人们当作木偶，表达对人们来到西雅图的欢迎，集市的员工笑着、闹着、逗大家开心。多年以后，这个鱼市变得举世闻名，并形成了一套工作场所哲学，向各个公司传授工作中享有乐趣的重要性。

几年前，我重访了这个著名的鱼市。但这次不是作为旅游者，而是想采访在那里工作的员工，看看他们是否依然那么快乐。在那里，我遇到了山姆，集市的一名一线员工，那天正轮到他上班。我询问他工作中享有乐趣的重要性，他回答道："享有乐趣让工作变得更轻松。"当我问他对那些认为乐趣不属于工作场所的管理者有什么建议时，他说："让他们放松点。那是你的员工，你应该对他们好点，因为如果你不好好对待他们，他们的工作效率就会降低，就不想来上班。"山姆结束采访时告诉我："工作中享有乐趣要从老板开始。如果老板享有乐趣，那么每个人都会享有乐趣。"

虽然我对山姆的采访只持续了一分钟，但他对工作中享有乐趣的重要性的总结非常到位：乐趣让工作变得更轻松。如果你待员工好，他们的工作效率会更高。管理者应该放松一点。作为管理者，如果你能从工作中获得乐趣，你的员工也会如此。

享有乐趣要从老板开始

既然各种证据都表明，在工作中享有乐趣是一件好事，为什么仍然有那么多工作场所缺乏乐趣呢？西雅图鱼市的鱼贩子山姆的话，基本回答了这个问题。山姆说，“乐趣要从老板开始。”管理者在很多方面都是员工的榜样，工作中享有乐趣就是其中之一。老板允许自己放松并享有一些乐趣，就会允许员工做同样的事情。你是否曾经为一个整天板着脸的老板工作过？那样的工作有乐趣吗？可能没有。关于什么适合做，什么不适合做，许多员工会效仿你。如果管理者喜欢笑，也就给了员工笑的自由。

然而，对一些管理者而言，放松下来是很困难的。部分原因在于，他们承担了额外的责任。管理者对团队完成的工作负有责任。这种额外的责任，可能会带来更高的压力水平。当面对压力时，管理者的自然反应，是约束自己和更加努力地工作。当努力取得进展时，我们忘了在过程中让自己放松下来享受工作的乐趣。当忙得不可开交时，要成为乐趣的催化剂并不容易，但这样做，实际上有助于我们的员工更高效地工作。管理者很难放松下来的另一个原因，是他们对自己的角色有错误的认识。

他们认为，如果自己不严肃一点，员工就不会尊重他们，也不会拿他们当回事。工作中的幽默并不是要么全有、要么全无的事情。虽然你可能因为表现出傻乎乎的样子而失去尊重，但没有人要求你这么做。关键是要能足够放松自己，让他人拥有在工作中享有乐趣的自由。

工作场所的幽默还有另外一个好处，它有助于在你和直接下属之间建立信任和融洽的关系，因为幽默可以缩短你和员工之间因为你的职位权威而产生的距离。幽默让你看起来更加理解员工，经由这种方式，有助于你增强和员工之间的信任纽带。

我只是没有那么风趣

好消息是，你不必成为喜剧演员，也能为你的工作场所增添一些乐趣。喜剧和笑话并不是乐趣的唯一定义。记住，在工作中享有乐趣的能力，始于让自己心情放松，不要把每件事都看得那么严肃。你能做的最有效的事情之一就是自嘲。自嘲的能力是一种令人钦佩的品质，它象征着谦逊，会吸引人们向你靠近。不要掩盖错误或挑战，而要去发现那些时刻轻松的一面，你的员工会因此而喜欢你。

安全的幽默

迈克尔·克尔在有关工作场所的幽默的演讲中，强调了一个概念，即对安全的幽默的需要。他建议管理者不要讲笑话，特别是那些黄色笑话，而要专注于讲述有趣的故事。他的另一个建议是，远离取笑种族、宗教、性别或身体残疾的幽默。尽管这一点看起来显而易见，但仍有无数管理者用不恰当的玩笑冒犯员工，在男性占主导的工作环境中尤其如此。工作场所的幽默必须尊重人，而且不能带有性暗示。带有性暗示的笑话会让许多女性职员感到不舒服，应该不惜一切代价予以避免。低级趣味的笑话会破坏你辛辛苦苦建立起来的信任。克尔说，要练习安全幽默的第一条规则——自嘲。

会议

会议是工作中最容易增添乐趣的场合之一。大多数员工似乎都不喜欢会议，并且有着充足的理由。当会议没有议程、持续时间过长、参会人员过多、最后也没有做出决策时，不难理解为什么这么多人认为这样的会是在浪费时间。但是，如果进行得当，会议可以成为团队建设、指导和培训员工的好地方。对于本章内容来说，最重要的是，会议是获得乐趣的好地方。你在如何为会议增添乐趣方面的选择，仅仅受到你的创造力的限制。哪怕只有一点点幽默和乐趣，也会发挥强大的作用。每次开会时，哪怕只用一两分钟时间，让大家笑一笑，释放一些压力，也会收到积极的效果。要享有工作中的乐趣的好处，你的员工并不需要笑得前仰后合的。下次召集员工开会时，想个简单的办法让大家笑一笑。

幽默可以缓解痛苦

人们注意到，欢笑可以增加人们对痛苦的耐受度。我听说有家机构使用幽默来帮助员工应对特别不愉快的工作情形，比如，接待难缠的顾客。我曾听说有一家银行，每周都要在柜员中间进行一次“本周最难缠客户”比赛。每个周末，银行柜员们都会分享他们处理某个难缠客户的经验，随后评选出一位最差劲的客户，并对为其服务的柜员予以奖励。当然，那些被评选出的客户不会得知他们获奖的消息（尽管他们或许应该被告知），但这是幽默可以在工作场所中发挥重要作用的极好例证。和难缠的客户打交道并不是一件开心的事情。但试想一下，如果处理得当，难缠的客户会让你得到奖励，那么，你对应对难缠客户这件事的看法会发生怎样的改变？这种做法为柜员们提供了笑料，将可能给人造成压力的情形，变成了一个脱颖而出和获得乐趣的机会。

找到你的“宫廷小丑”

在每个团队中，总会有人比其他人更加有趣。无论是他对生活的看法，他的幽默风格，还是他对戏剧性或意外事件的表现能力，他总能创造出具有传染性的乐趣。如果你的团队中有人符合上述描述，你要想尽一切办法让他把自己的天赋发挥出来。给你的“宫廷小丑”一些娱乐的空间，会极大地减轻你的压力，并给团队成员提供源源不断的欢笑。这样的人是巨大的士气提升者。一定要运用第七章的“认可准则”，帮助“宫廷小丑”看到他们在整个团队中扮演的角色有多重要。很可能在此之前，还未曾有人帮他们看到他们的幽默与幽默给团队带来的好处之间的关联。

指定一名乐趣主管

另一个办法是，在团队里找到一个显露出乐趣天赋的人，指定他为你的“乐趣主管”。让该员工知道，他的新职责之一是帮助团队成员获得更多乐趣。在让他发挥作用前，一定要让他明确限制所在。风趣的人会喜欢这个角色，并成为团队的宝贵财富。这也能减轻你的负担，让你有精力专注于其他事情。记住，指定一名乐趣主管，并没有免除你自己展颜微笑的责任。你需要的欢笑和你的员工一样多，如果不是更多的话。

在工作中享有乐趣，能帮助团队完成更多工作，建立更融洽的关系，发现更多有创意的想法，增强团队的关系纽带。领导者在这方面率先垂范，就是在允许员工放松心情和享受乐趣。在领导力规划时间里，花点时间了解团队当下的旅行节奏和压力水平。如果近期工作强度大，你需要考虑如何在当周的工作日程中注入一些幽默。即使一切进展顺利，也不妨考虑一下本周可以做件什么事情，给你的工作场所增添一点乐趣。

第八分钟小结

要点

- 工作中享有乐趣是件很严肃的事情。
- 工作中享有乐趣可以：

  ——提高工作效率

  ——激发创造性

  ——促进交流

  ——建立信任

  ——保护团队
- 工作中享有乐趣要从老板开始。

关键问题

- 本周我可以在哪里注入一些乐趣?

关键行动步骤

- 搜索获得有关向工作场所增添乐趣方面的新创意。

第·八·分·钟

本周我可以在哪里注入一些乐趣？

第十三章

化身：典范的需求

跟随我。

—— 耶稣

第十三章
化身：典范的需求

2010年4月18日，一个名叫雨果·阿尔弗雷多·塔勒-亚克斯的男子突然倒在了纽约市皇后区一条人行道上，生命垂危。在接下来的1小时20分钟里，超过25人从他身旁经过，没有一个人向他伸出援手。

塔勒-亚克斯其实是一个乐善好施的人。事发前，他跑去帮助一个女人，该女人受到了一名持刀男子的威胁，附近一座建筑物的监控录像拍到了他倒在人行道前追击袭击者的画面。录像清晰地显示，在他倒地之后，人们从他身旁经过，有人停下来扫上一眼，一名男子甚至还停下来用手机拍了一张照片。具有悲剧性讽刺意味的是，塔勒-亚克斯的死是因为他挽救了一个女人的生命，却没有人停下来帮助挽救他的生命。

即使在纽约这样一个对街头暴力习以为常的城市，这件事仍然激怒了市民。该事件还让人回想起臭名昭著的基蒂·吉诺维斯谋杀案。该案发生在邱园，同样地处纽约皇后区。1964年，凯瑟琳·吉诺维斯（基蒂是凯瑟琳的昵称——译者注）在自己的公寓外被袭击致死。她拼命挣扎，整个过程持续了30多分钟，至少有十几个人听到了她的求救声，但没有一个人报警。大多数人认为，其他人已经报警了。这一现象导致心理学家开辟了一个新的研究领域，后来被称为“吉诺维斯综合征”，更广为人知的是“旁观者效应”。

关于在上述情况下人们为什么不施以援手，一直存在很多争论。但是，通过不断研究，一些有趣的模式已经开始呈现出来。事实上，许多诸如此类情况的发生，与其说是由于个体冷漠无情，还不如说那是社会影响的力量的例证。

两位心理学家比伯·拉塔尼和约翰·达利开始探究社会影响的力量及其对人的影响。他们设计了一系列实验，让志愿者暴露在有人突然需要帮助的情境中。在其中一项研究中，当受试者完成书面调查时，他们所在的房间逐渐充满烟雾。在另一项研究中，受试者听到隔壁房间发出巨大的爆炸声，紧接着是一个女人的尖叫声：“哦，天呐，我的脚……我……我……我的脚动不了了！哎呀，我的脚踝，我没法把这东西弄下来！”

在第三项研究中，研究人员让受试者通过对讲机参与小组讨论。其中一名受试者突然开始呼吸困难，大口喘着气，紧接着便开始呼救。所有这三项研究取得了一致的发现：随着受试者或“围观者”数量增加，群体中的个体采取行动的可能性会降低。尽管旁观者效应十分复杂，并且是多维度的，但人们何以行动迟缓或不采取行动，似乎主要有如下两个原因。

第一个原因是责任分散的结果。在任何情况下，在场的人越多，个体觉得自己的责任越小。当一个人看到有人遇到麻烦，并且目击者只有独自一人的时候，他有很大的责任采取行动；但如果10个人都看到了同一个需要帮助的人，他们只会觉得自己有1/10的责任。这种责任的分散，使我们摆脱了采取行动的冲动。

人们行动迟缓的第二个原因，与一个被称为社会认同的概念有关。当人们面对不明情况时，常常会观察环境寻求反馈，以获得该如何行动的提示。在隔壁房间传出爆炸声的实验中，受试者们平静地观察其他人的反应，以评估自己是否需要担忧。因为房间里的其他人都在做着同样一件事情，于是就形成了一种强有力的社会认同：这里没有什么可担忧的。因为其他人似乎都不担忧，某个个体采取行动，必然会使他暴露于社会排斥的更大风险之中。基于人类与生俱来的与他人建立联系的需求，我们通常会规避这种风险。

你可能想知道，这与领导力有什么关系？人们深受社会力量的影响。对抗或利用这种效应，需要强有力的示范。在上述任何一种情况下，如果有人立即采取行动，更多人肯定会紧随其后。最近的一项全球调查发现，当今的人们寻求的是鼓舞人心的有能力的领导者。身处不断变化的世界，面对极不稳定的经济，人们希望拥有让他们感到安全。能激励他们的领导者。不过，该调查还表明，人们对于当今领导者和管理者的信心位于历史最低点位。

在员工信心产生动摇的时候，领导者的榜样作用至关重要。如同在经济衰退期回归金本位制一样，在艰难的时期，人们渴望拥有一个可以效仿的典范。现在，你的员工希望你成为一个能鼓舞人心的领导者。但当你问某位员工，鼓舞人心的领导者是什么样的，你肯定会听到各种各样的不同回答。在我们将鼓舞人心归结为一个难以衡量的抽象概念之前，值得注意的是，我们眼中能鼓舞人心的领导者似乎具有如下几个共同的特质。

展现勇气

想象你报名参加一项心理学实验，和一群其他志愿者坐在一条长桌前，他们被要求仔细观察类似图4的卡片。随后，研究人员让你们每个人从右边A、B、C三条线中选出一条与左边那条长度完全相同的线。当小组成员给出他们的答案时，研究人员继续循环出示不同的卡片。你不知道的是，其他志愿者其实是实验的一部分，此次实验中唯一的真正受试者是你。一切都进展顺利。突然，在下一个问题上——当研究人员出示图4所示的图

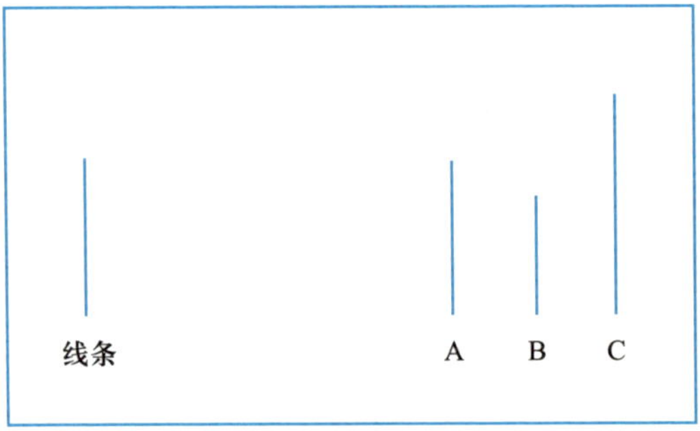

图4

片时——其他志愿者都选择了C作为正确答案，这可把你整糊涂了，因为每个人应该都清楚，正确答案是A。在其他所有人都选了C之后，研究人员看向你，你会给出什么答案呢？

如果你和实验中75%的受试者一样，你至少会有一次不相信自己的眼睛，通过给出错误的答案，与群体其他人保持一致。虽然这个实验展示了社会从众性不可思议的力量，但只要对实验做点小小调整，就可以展示另外一个强大的社会原则。

在后来经过调整的研究中，一名研究人员被安插到小组中。这个人的任务是反对其他人的意见，给出正确答案。在真正的受试者被要求回答问题时，他就不再孤单了。有了这个不遵循常规者在场，真正的受试者从众的概率，只有原来的1/4。

当有人勇敢地说出正确答案的时候，这实际上强化了这个真正受试者的坚定看法。人们并不总是拥有忠于自我的情感力量。有足够的勇气为正确的事情表明立场的领导者，会激励其他人表明立场。勇敢的领导者可以激励我们，因为我们能够借用他们的坚定看法，来为我们自己的看法提供支持。

在人类历史上，有许多男性和女性，因为其捍卫真理的勇气，帮助他人忠于自我，这样的故事不胜枚举。1955年，在亚拉巴马州蒙哥马利市的一辆公交车上，当罗莎·帕克斯拒绝给一位白人让座时，她没有想到这会引发蒙哥马利市公交车抵制运动。帕克斯的勇气成为民权运动的一个重要标志。在那个时期，肯定有很多人想做罗莎·帕克斯所做的事（有些人确实做了），但正是她的勇气激励着更多人去表达自己的声音。鼓舞人心的领导者帮助我们发现行动的力量（比如，跑到隔壁的房间，看看被文件柜砸到的人是否安然无恙）。

提升表现

厨师戈登·拉姆齐最为人熟知的可能是他的电视节目《厨房噩梦》。在节目中，拉姆齐会花一周的时间待在一家陷入困境的餐馆，试图扭转乾坤。《厨房噩梦》每一集的剧情都遵循一个可预测的模式：拉姆齐来到陷入困境的餐馆，品尝餐馆的食物，将食物吐出来，之后去厨房给餐馆主人一些真诚的反馈，告知主人他的真实想法。他会检查厨房和冰箱的清洁卫生状况，寻找任何不符合标准的地方。在爆炸性的一小时结束时，拉姆齐不仅利用自己的经验和高标准改变了这家餐馆，更重要的是，他还让店主有了改变。节目结束时，店主通常会重拾激情，带着新的活力和自信经营餐馆。通常在每集结束前，都会有这样一个时刻——经历改变的店主对着摄像机说："我只想感谢拉姆齐厨师，是他让我重新对美食充满激情。"

虽然我不推荐你和员工说话时，采用拉姆齐在节目中和餐厅老板说话的方式，但你从这里可以学到有关领导力的重要一课，那就是，拉姆齐激励人们提高自己的表现水平。他是通过让人们保持始终如一的高标准来实现这一点的。

当让参加我领导力研讨班的学员们告诉我，谁在过往的时间里曾激励他们做到最好的时候，我经常会一遍一遍听到同样的回答。最常见的共同回答是，那些挑战过他们的人，是对他们有帮助的人。我们此前讨论过，领导者拥有让直接下属坚持高标准的能力是非常重要的。当设定的目标虽高但并非不可实现时，人们就不得不寻找超越自我表现水平的办法。让员工坚持高标准的挑战在于，有时会在最初引起摩擦。但是，一旦人们出色完成了任务，那些摩擦就会被长久地遗忘。那时，人们通常会怀着感激之情回头审视你所做的一切，感谢你激励他们做到最好。当然，如果你想让员工达到卓越的标准，你自己必须首先做到。戈登·拉姆齐尝到了成功的滋味，部分原因是他设定的高标准，人们深知这一点。无论是他的烹饪技术，还是厨房的洁净度，拉姆齐都为食品行业树立了卓越的榜样。

对一些管理者而言，为员工设定高标准是非常困难的。如果你讨厌冲突，希望你的员工喜欢你，那么你可能拥有一个充满乐趣但效率低下的工作环境。尽管关心员工非常重要，但不应以牺牲标准为代价。那些既关心员工，又让员工保持高标准的管理者并不多见，但在他人看来，他们才是鼓舞人心的领导者。

激发激情、提升活力

在我20岁出头的时候，一位马来西亚的传教士来到我所在的教堂。他的目的非常明确：希望那些出生在东南亚的人考虑返回故土，支持他正在进行的传教工作。他个头不高，但他用热情和真诚弥补了身高的不足。坐下来听他演讲的时候，我禁不住激动起来。他45分钟演讲结束后，我想搬到马来西亚去住，不是因为吉隆坡有什么地方我想去看，而是因为我想在有这个人的地方生活。他的热情和活力让我着迷。

在18世纪中叶的英格兰，一个名叫约翰·卫斯理的传道士促成了一次宗教复兴运动。在被问及是什么吸引大批人前去听他布道时，他回答说："我被圣灵点燃，人们来看我燃烧。"激情会吸引他人向你靠近。

人们渴望成为值得为之兴奋的事物的一部分。如果他们在你身上看不到任何激情，他们自己很可能也不会有激情。激情是会传染的，它能提升工作场所的活力。当我谈论激情时，并不是要你成为一名传教士或布道者，而是成为一个充满激情、致力于成功的人。提高团队成员活力的最简单办法，是真正为自己所做的事情感到兴奋。我记得我曾指导过一个管理者，他意识到自己没有给工作场所带来多少激情，于是他决定对自己的工作更有激情，对团队从事的事情感到更加兴奋。当你重新建立与意义和激情的联系时，你即是在服务你的团队成员，因为此时的你可以帮助他们重新与自己的意义和激情联系起来。

正确处事

2001年9月11日恐怖袭击发生后，纽约市市长鲁迪·朱利安尼告诉纽约市民他们应该怎样去做。袭击事件发生6天后，深夜脱口秀主持人大卫·莱特曼这样评价朱利安尼市长：

> 但在这一点上，如果你像我一样，关注事态的发展，感到困惑、沮丧、恼火、愤怒、充满悲伤，而且不知道该采取什么行动，不清楚该做些什么，你真的不……因为我们从未经历过这样的事……你要做的事就是随时盯着市长，观察他如何行动，观察他的行为举止，看这个家伙做了什么，听他说了什么。鲁道夫·朱利安尼是勇气的化身。

无论你喜不喜欢，你的直接下属都在看着你。他们观察你如何反应，如何行动，如何管理变化，如何面对障碍。尤其是在不确定或变化的时期，人们会向领导者寻求如何应对的线索。榜样为我们提供了示范，我们将他们作为我们的向导。这些示范给我们带来安全感和舒适感，让我们自由地把注意力转移到其他事情上，而不是为我们该如何应对而发愁。在“9·11”事件之后的日子里，人们从鲁道夫·朱利安尼身上看到了该如何行动。

领导者的榜样也是信任的重要来源之一。人们相信正直和诚实的价值观，希望他们的领导者具备这些品质。人们期望领导者遵从一定的道德标准。散布流言蜚语，将自己的错误归咎于他人，拒绝承担责任，将他人的成功归功于自己，领导者有上述种种行为，会失去员工对他们的极大信任。然而，重要的不仅仅是领导者的行为，他们的情绪也很重要。领导者的情绪状态，比团队中其他任何人都更重要。如果某个同事心情不好，对整个团队的影响通常是极小的。然而，当老板心情不好的时候，团队中每个人都会知道。员工会通过电子邮件和口头传播方式，告诫每一个团队成员保持警惕。给员工示范积极而坚定的态度，会激励团队成员效仿你。

绳子上的闪电

关于本杰明·富兰克林，最为人熟知的，可能是他在雷暴中放风筝，发现闪电其实是电流（虽然富兰克林确实提出了这个想法，但他可能并未付诸行动，因为在这个过程中，他可能会被电死）。很少有人知道，富兰克林在示范成功方面有别出心裁的方法。20岁时，富兰克林列出了他想在生活中体现的13种美德，比如谦逊、真诚、清洁和慷慨等。每周，他都会从13种美德中选出一种来关注。这样，他一年就可将这13种美德中的每一种实践四遍。

本杰明·富兰克林的13种美德表单非常强大，因为它为他提供了一个简单的系统来指导他的行为。这让他每周都专注于实践其中一种美德，也有助于他不偏离那些对他来说最重要的价值观。

虽然你不必知道是哪13种美德，但明确自己支持什么价值观，并始终如一地予以践行，可以为员工树立一个强有力的榜样。

当今，人们对品牌的讨论很多。为了创立和营销品牌，很多公司不惜耗费巨资。有些公司甚至超越其产品，试图把自己打造成某种类型的雇主，以吸引有才能的员工加入其中。品牌通常植根于公司的价值体系。有一个很好的问题，你可以问问自己："作为领导者，你的品牌是什么？"换句话说，你支持什么？正如一家公司需要清楚地知道自己的使命、愿景及价值观一样，管理者也应该清楚地知道自己的领导力品牌。真实的情况是，现在你已经有了自己的领导力品牌。如果我把你的所有直接下属召集到一个房间里，询问他们为你工作是什么样子的，他们的答案就能揭示出你的领导力品牌。重要的是，不要让你的领导力品牌听天由命，要有目的地创立和维护自己的领导力品牌。

有目的的示范

虽然明确自己的个人领导力品牌非常重要，但领导者还必须认识到，不同的时期需要不同的榜样。如果你是一名登山向导，你带领队员在冰川上轻松行走，与带领队员在裸露的山脊上长距离攀爬，你作向导的方式是不一样的。领导者必须觉察不断变化的地形，并相应地调整自己的领导力和示范。要积极主动地领导团队成员克服他们面临的各种挑战。例如，伴随着大规模裁员，你所在的公司可能正经历充满难以置信的不确定性和动荡的时期。在这样的时刻，你会问自己，“我的团队现在需要我具有哪些品质？”答案可能是勇气、专注和决心。如果你需要在极短的截止时间内完成一项十分艰巨的任务，以至于你的团队对能否如期完成感到疑惑，此时，你可能需要向他们示范乐观主义、决心和职业道德。不同的时期需要有不同的榜样，睿智的领导者知道如何识别在什么时候需要什么样的榜样示范。你的榜样示范不能听之任之，一定要有目的性。思考你当前面临的情形，确定本周员工想从你身上看到什么品质，作为他们学习的榜样。

创造你的化身或选择适合你的化身

化身是你为自己创造的形象。有时候运动员会利用化身来帮助提升自己的表现。比如，游泳运动员可能把自己想象成一只在水中奋力划水的梭鱼，足球运动员可能将自己看作一辆坦克。这样的化身能够对他们的表现产生强有力的影响。还有一些人，可能选择将现实生活中的英雄作为其化身，用他们来启发和指导自己该如何行动。我有一位密友，其化身是一位美国总统。每当他觉得自己要遭受批评时，都会想象这位总统会如何处理这样的情况。创造这样一个化身，让我的朋友有了一个可以跟随的强大榜样，为他提供了情感激励。

一个需要更积极地帮助他的团队实现某个目标的管理者，可能会将自己想象成一只斗牛犬，下定决心不退缩或放弃目标。

面对团队运行不良或不团结的管理者，可能会从亚伯拉罕·林肯的形象中找到自己的化身，并问自己这样的问题："林肯此时会怎么做呢？"这样的场景可能听起来傻乎乎的，但它们的视觉特性可以作为强大的指南，帮助你在不同的时间做出所需要的示范。世界上一些最伟大的运动员，之所以利用化身来提高自己的成绩，背后是有原因的。

对团队其他成员来说，化身可能不像口号、座右铭，甚至一段鼓舞人心的名人名言那样引起那么多的共鸣。很多时候，当面对冒险涉足新领域所带来的不确定性时，我能从拉尔夫·沃尔多·爱默生的一句话中获得鼓舞："世界会给那些知道自己要到哪里去的人让路。"美国第33任总统哈里·S.杜鲁门在他的桌子上放了一块牌子，上面写着"责任止于此"这几个字。我父亲的神经外科医生用他的座右铭来指导他的生活："我对我的选择和行为负责"。他甚至将这句格言印在了他的名片上。

无论是口号、名人名言，还是化身，重要的是你得明白：员工想从你身上看到什么品质，以激励他们的表现。在前面的章节中，我们讨论过加权关系原理，以及我们在直接下属的生活中会扮演多么重要的角色。鉴于此，我们要确保用激情和卓越来领导，不要将我们获得的神圣信任视为理所当然。当员工拥有一个可以效仿的鼓舞人心的榜样时，他们会很高兴站在你身后，听从你的领导。不要对自己的榜样示范听之任之，要有目的性，要始终如一，要用你的生命为你指明方向。

第九分钟小结

要点

- 人们希望领导者知道如何行动，如何回应，有时甚至知道作何感受。
- 伟大的领导者：

  ——激发勇气

  ——增强活力

  ——提升表现

  ——树立榜样
- 对于要为员工做什么样的示范，要有目的性。

关键问题

- 本周员工需要我做出什么样的示范？

关键行动步骤

- 列一张清单，列出你作为一名管理者想让人周知的个人品质。

本周员工需要我做出什么样的示范？

第十四章
在峰顶看见的风景：为什么信念很重要

太上，不知有之……功成事遂，百姓皆谓“我自然”。

—— 老子

当我们终于到达奥斯瓦尔多为我们标记的那道山脊时，心中夹杂着失望和宽慰。我太累了，所以对于现在可以开始下山返程感到高兴。但是，我身体的某个地方——至少内心深处的一个微弱声音——在表达它的失望。为了实现这个目标，我此前训练了那么长时间，付出了那么多努力，攀登了那么久，但再过几分钟时间，我就要调转方向，败退返程。各种各样的理由涌入我模糊的大脑，企图平息我内心的异议。“这样不安全。”“天色越来越晚了。”“一共四座山峰，我们已经登上了三座，已经是很不错的成绩了。”但是，即使有了这么多的自我安慰，我的内心仍然充满着令人痛苦的失望情绪。

这一次，我们在山上坐了更长时间，吃了三明治，喝了些水，那是我们登山前定量配给的。经过长时间的休息后，奥斯瓦尔多再次接通了无线电设备，用西班牙语说道：“坎普大本营，坎普大本营。”大本营的人在6,000英尺下的地方给予了回应。

之后，奥斯瓦尔多毫不犹豫地切换到英语，对着无线电设备另一端的人说道：“我们准备攀登顶峰。”

在我的脑子完全弄明白计划突然发生的改变前，吉姆狐疑地看着奥斯瓦尔多，断然问道："你说什么？！"

"是的。吉姆，峰顶已经不远了，只需要1个小时就能到达。"

"你说过我们就登到这儿的。"吉姆还击道，情绪明显有些激动。

在接下来的两分钟时间里，吉姆拒绝继续登山，奥斯瓦尔多则一直坚持。吉姆甚至建议，我和奥斯瓦尔多继续向峰顶挺进，他待在山上原地不动，等我们下山时，再在这里和他会合。我不喜欢这个主意，奥斯瓦尔多也不喜欢。奥斯瓦尔多说："不行，吉姆，在山上我们是一家人，要么一起上山，要么一起下山，不能把任何一个人独自留在山上。"

我记得我当时被奥斯瓦尔多的话所感动了，但是我手头没有纸和笔，不能把它写下来。由于吉姆拒不让步，奥斯瓦尔多态度缓和了下来。他说："好吧，你看到那道山脊了吗？我们就登到那儿吧。"吉姆回答道："不，因为如果我们爬到了那道山脊，你会忽悠我爬到另一道山脊。"现在看起来似乎很好笑，但当时在山上，这个对话是非常严肃的。最终，吉姆让步了，同意再做最后一次尝试。提早返程的愿意落空，我记得当时我很失望。尽管吉姆是真心想继续攀登，但他只坚持了五六步。山路陡峭，加上厚厚的积雪，使得攀登变得难上加难。我永远也忘不了那一刻，吉姆将冰斧插进积雪中，做起主来了："就这样，我退出了。我们下山吧！"

吉姆的反叛真的是太好了。我问奥斯瓦尔多我们处于什么高度。我为自己设定的目标是攀登到6,000英尺以上，我肯定我们当时已经超过了这个目标。奥斯瓦尔多没有听我的话，而是向吉姆所在的位置后退。他抓住吉姆的肩膀，对他说他很强壮，他能够成功登顶。他们还说了些什么，我没有听清。我只记得我在心里说："吉姆，不要听他的。"

在某一刻，我一定觉得这一切很有趣，因为接下来，我忍不住冲自己笑了起来，就像上小学时你和小伙伴为了试图不惹麻烦时一样。我一定是脑子进水了。

接着，吉姆对奥斯瓦尔多说："我太累了。我也许能爬到峰顶，但我认为我无法顺利下山。"他的话在理，因为登上峰顶只是完成了目标的一半，真正的成功是安全返程下山。吉姆抬头看着奥斯瓦尔多，问道："如果你把我带上峰顶，你会带我返程下山，你能这样承诺我吗？"

我们就这样站在那里，3个来自不同国家的人，被一根不长的登山绳和一个目标绑在了一起。我们所在的地方离峰顶还有不到1,000英尺的垂直距离，吉姆的问题切中要害，他只是想知道，"我能把我的生命托付给你吗？"这是一个有分量的问题，我想看看奥斯瓦尔多如何作答。奥斯瓦尔多直直地看着吉姆的眼睛，简单地说了一句："是的，吉姆，我会把你带回大本营的。"短暂的停顿之后，吉姆说："那好吧，我们出发！"

我们继续攀登，越过了一个又一个假的峰顶，随着时间的推移，我越来越难受。突然之间，变化发生了，攀登的角度有了变化。似乎有几个小时，攀登的角度一直维持不变，现在似乎要改变了，攀登的角度变平坦了。我抬起头，看到了它——峰顶在望，离我们只有几分钟的距离。我们将冰锚深深地插入雪中，把随身携带的物品绑在冰锚上，轻装前行。由于海拔太高，我们依然行进缓慢，最终我们登上了玻利维亚的最高峰。

很难描述站在峰顶上的体验。首先是风景。站在萨哈马山的峰顶，你可以远眺数百英里的地方。向北，可以看到秘鲁的群山。向西，可以看到智利的火山群。向东，可以看到安第斯山脉，它将高原与亚马逊盆地分割开来。峰顶上的景色蔚为壮观，但是因为我们经历了痛苦和挣扎才抵达峰顶，使得这壮观的景色更有深度。接着，你意识到你成功了，你真的登上了峰顶，现在你正站在西半球的某个最高峰之上。这是一种难以用语言来描述的感受，几乎让人有些害怕。最后，队友们之间形成了一种神奇的纽带，因为你意识到，要是没有他们，你不可能站在现在的位置上。你们拥抱在一起，互相拍打着背部，彼此祝贺，一切都是温暖而由衷的。

领导者应该把功劳让给直接下属

当我们站着拍照片、录视频的时候，我禁不住回想最后几个小时的经历。我曾想过要中止，特别希望吉姆能放弃继续攀登的念头，这样我就能回到山下的大本营，对此我颇觉尴尬。虽然表面上看，我是有团队精神的，但内心里，我还差得远呢。

我把我的摄像机递给奥斯瓦尔多，他为我和吉姆录下了相互庆祝的一分钟视频。录制完毕后，奥斯瓦尔多说："祝贺你们，你们成功了！"仅仅是简单的一句话，他就把功劳让给了我们。可真实的情况是，没有他的领导力，我们不可能登顶成功，但现在他赞扬的却是我们。公元前六世纪时的中国圣人老子曾说："太上，不知有之……功成事遂，百姓皆谓'我自然'。"

第二天回到大本营后，我把奥斯瓦尔多叫到一边，问他是怎么做到的。我想知道他是怎样激励两个精疲力竭的登山者继续攀登直至登顶成功的。他对我说："我了解山峰。我知道它在削弱你这里之前（他指着自己的腿部），先削弱你这里（他指着自己的头部）。我知道你们都很强壮，我只是要让你们坚持下去。"

在位于海拔20,000英尺的山上，奥斯瓦尔多能够轻易扭转局势。无论我们是否登顶成功，都不会影响他的报酬。他也可以说，由于我们不想登上峰顶，他对此无能为力。但是奥斯瓦尔多相信我们，即使在我们不再相信自己的时候。在我们需要新策略时，他提出了新的策略。在我们需要一个小小的胜利时，他为我们制造出了这个胜利。在我们需要振奋精神时，他发表了一段鼓舞士气的讲话。在我们筋疲力竭时，他调整了我们攀登的节奏。他之所以这么做，是因为他是一名登山向导，他的职责是来帮助人们攀登山峰的。这就是领导力。

我想用这个故事来结束全书，因为在我看来，这个故事包含着领导力的核心要义。人们渴望成大事。但是，在攀登途中的某个时刻，许多人精力耗尽了。很多员工希望相信自己可以取得很大的成就，而领导者可以为他们重新注入活力。生活中，当我们不相信自己的时候，需要有人相信我们；在我们不想挑战自己的时候，需要有人挑战我们；需要有人在我们耳边低语："再坚持一下。"这种领导力令人鼓舞。当你运用本书所包含的九大需求（见图5）时，你会激发团队的工作效率和投入。同

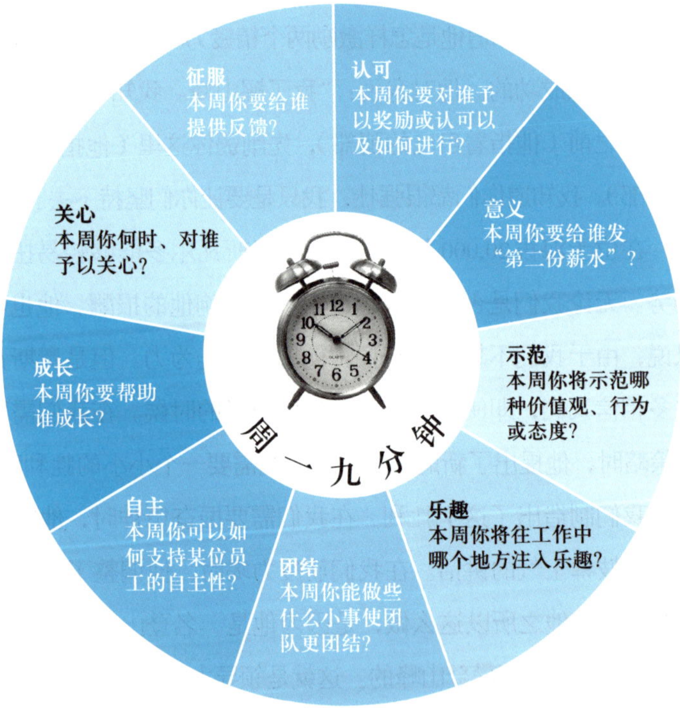

图5
周一九分钟

时，当你的团队成员站在各自的峰顶上时——虽然疲劳，但他们兴奋，充满了成就感——你也可以对他们说：“祝贺你们，你们成功了！”

第十五章
运用九大需求

千里之行，始于足下。

——老子

在此前的章节中，我向大家介绍过“固定绳索”的概念。在登山途中某些路段，一旦跌落就有致命的危险。攀登这些路段时，登山者会使用固定绳索作为安全措施。对于登山新手来说，固定绳索可以消除他们的安全顾虑。一旦你使用固定绳索，你要牢牢地夹紧它，之后顺着它向上爬。

本书有点儿像登山向导使用的固定绳索，牢牢地夹紧它，你就能缓慢地、平稳地登上卓越表现的峰顶。本书介绍了九大需求——如果这九大需求得到满足，会提升员工的动机和敬业度——为员工指明了通往峰顶的道路。现在，我想告诉你，在你将本书的内容运用到实践中时，如何使用这条固定绳索，让你始终保持正轨。

简单易行

在此前的章节中，我谈起过我妻子作为一名营养专家的工作。帮助人们减肥就是用好习惯取代坏习惯，这需要花费时间和精力。当人们企图一下子改变太多时，这种改变常常无法持续。

我见过这样的管理者，他们被派出来参加一个周末领导力培训会，回来后面对的是忙得发疯的工作环境。因为他们没有时间，几乎不可能实施任何长期改变。不论管理者有多好的用意、有多少热情，培训会材料的命运通常是被束之高阁，与灰尘为伴。

改变的关键之一是简单易行。九分钟领导力始于每周一清晨开始一周的工作前，为自己留出简单的九分钟领导力规划时间。在这段时间里，问自己九个问题，对这九个问题的答案能够帮助你设计出简单实用的行动方案。人们通常认为，对于每个问题，都需要一个复杂的解决办法。在最近一次有关九分钟领导力项目的会议上，一位女士在我发言结束后走上前来，对我说："你的方法听起来很简单，希望它管用。"激励和调动员工，根本在于满足员工的九大需求，而且要长期坚持。现今有很多帮助你提升领导力的复杂方案，但庞大的计划很少能够产生长期的改变。关键是计划要尽可能简单易行。

始终如一

伟大的领导力不是由偶尔的英雄事件定义的，而是由长期坚持做的小事定义的。始终如一的力量是很强大的。如果你不相信，下一个假期去科罗拉多大峡谷看看吧。历经千百年，无数水滴滴入泥土，蚀刻出今日的大峡谷。我们今天面临的挑战之一，是我们生活在一个"即时社会"中，想在投资几天之后就看到收益，而不想等待数月。只要能在第二天解决问题，不管是什么东西，大多数人都愿意试一试。“一款新的健身机器，每天只需锻炼三分钟，就可以帮我减肥？我如何付款呢？”

说到有效的领导力，始终如一地满足员工的九大需求，是力量的源泉。

可实现性

任何改变都需要付出努力和时间。你想改变的越多，需要付出的精力和时间就越多。在如今苛刻的环境下，人们很难有多余的时间和精力。我还记得小时候，如果要去爬一座小山，一开始我和朋友们会全速前进，希望这种猎豹般的速度能带我们爬到山顶。当然，由于重力作用和肺部不适，这种速度很快就会中止。在剩下的路途中，我们吐着舌头，喘得像狗一样，步履缓慢而疲惫。激励和调动员工不是爬一座小山，而是攀登一座山峰。有人曾说：“攀登山峰，需要一步一个脚印。”

“九分钟领导力”的设计特别注意其可实现性。比如，在本书第七章，我们探讨了认可的需求，目标不是要你每周都对所有直接下属予以认可，而只是选择其中一人予以认可。这样设计，绝不是要限制你做什么。如果你想认可你的每一个团队成员，那当然更好。但设定简单目标的目的在于，即使一周里忙得不可开交，仍能确保实现这九大需求。

形成习惯

长期的改变是新习惯养成的结果。伟大的古希腊哲学家亚里士多德曾说："我们每个人都是由自己一再重复的行为所铸造的，所以优秀不是一种行为，而是一种习惯。""九分钟领导力"通过重复高效领导力最重要的实践，帮助你形成新的习惯，这些新的习惯对你未来几年都有好处。你实践和运用这些原则的时间越长，你的领导力就会变得越自然。

九分钟规划时间

首先，你要决定你在什么时间、什么地方进行领导力规划。显然，你不需要太多时间，但需要一个不受打扰的地方。然而，比地点更重要的是时间选择问题。将领导力规划时间放在每周工作的第一天，这是很重要的。如果可能，让它成为周一清晨做的第一件事，这样做能够确保它成为你的优先事项，以防它被淹没在你每周繁忙的工作中。九分钟规划时间必须成为你每周的一个神圣仪式。有很多活动迫切需要得到你的关注，但是，你必须努力保护这九分钟时间不被挤占。好消息是，经过几个月的实践之后，领导力规划时间会成为你每周常规事务的一部分。不过，在此之前，一定要给自己设置某种提醒，这样，当你周一清晨走进办公室的时候，会提示你开始领导力规划时间。

从满足四大主要需求做起

虽然员工有九大需求，但我建议，在起初一个月里，你把注意力放在前四大需求上（关心的需求、征服的需求、认可的需求、意义的需求）。这样做的原因是，在你关注其余五个需求之前，有时间关注最重要的四大需求。这个“两阶段法”很有帮助，基于多个原因。第一，这样做有助于你在关注其余五个需求之前，将注意力聚焦在四大主要需求上，直到它们对你来说成为次要的需求。第二，这样做，可以避免你因为要在开始的第一周同时考虑满足九大需求而感到不知所措。当你第一次考虑某个需求时，你可能注意到，你需要做些额外的工作。比如，当你考虑征服的需求和提供反馈的重要性时，你可能发现，你的员工不是在攀登山峰，而是在跑步机上跑步。这样的话，在满足他们的征服需求和提供反馈前，你可能需要额外考虑对他们的工作职能做一些调整。当你聚焦四大主要需求时，问自己如下几个问题：

（1）本周我要对谁表示关心？

（2）本周我要给谁提供反馈？

（3）本周我要对谁予以认可？

（4）本周我如何将工作的意义与某个员工的薪水联系起来？

关注其余五个需求

在用一个月的时间满足员工的四大主要需求后，每周再增加一个新的需求，这样使你能以可实现的节奏增加你的技能。最终的目标是形成长期的习惯。尽管这种融合可能看起来很缓慢，但它是养成新习惯的一个有效策略。在考虑其余五个需求时，问自己如下几个问题：

（1）本周我要帮助谁成长？

（2）本周我要帮助谁产生自主感？

（3）本周我能做些什么来增进团队的团结？

（4）本周我可以在什么地方注入一些乐趣？

（5）本周我需要为团队成员示范什么？

九分钟领导力案例

【生产会计师——南希】

南希是一家大型能源公司的生产会计师，她有5名直接下属，这5名直接下属的工作性质是行政管理类的。由于从事的是常规性工作，有时很难让他们对自己的工作产生热情和积极性。南希第一次用周一清晨的九分钟来进行领导力规划，以下是具体的情况。

因为这是南希第一次这样做，所以她决定将注意力放在四大主要需求上（南希听从了我的建议，我喜欢这一点）。

1. 本周我要对谁表示关心？ 南希喜欢走动这个概念，意识到自己对直接下属的情况几乎一无所知。部分原因是她的日程安排过于繁忙，部分原因是她的半数团队成员是公司新入职的员工。南希决定在周一午饭前安排15分钟到员工中间走动走动，以了解直接下属的一些生命统计数据。通过安排周一的走动时间，她可以非常自然地询问员工周末的情况，这有助于她获得直接下属的很多生命统计数据。

2. 我要给谁提供反馈？ 南希难以给她的直接下属提供反馈，因为他们所有延伸目标的完成时限均设置在年末，距现在还有六个月的时间。她发现很难想到任何可以予以评价的东西。南希意识到，她的大多数员工都在跑步机上跑步，而不是在登山。为了提高他们的敬业度，她需要为他们寻找可以攀登的山峰，于是，她决定与老板安排一次会面，以提出一些新的点子。

3. 我要对谁予以认可？ 南希喜欢她从网站上下载的“认可准则”工具，决定将之运用到萨拉身上。萨拉是一名新入职的员工，给团队带来了迫切需要的活力和积极态度。南希决定让萨拉知道，在上次的周会上，她的积极态度如何影响了她以及另一个团队成员。南希于是在工作预约簿上做了一个要在周四的团队会议上对萨拉予以认可的提示。

4. 我如何将工作的意义与某个人的薪水联系起来？ 起初，

南希觉得这个概念很难。在会计工作中将意义与薪水联系起来，有时候可能是个挑战。在回顾了第八章关于意义的三个问题后，南希决定与丽莎谈谈她正在撰写的金融风险报告。销售和收购部在就潜在的并购做决策时，十分依赖她的这份报告。没有这份报告，收购部就会非常盲目。她的工作有助于整个公司做出更正确的决策，避免代价高昂的错误。南希此前从未将这些与丽莎联系起来，本周她决定这么做。她计划当天下午晚些时候在去参加财务会议的途中顺道去下丽莎的办公室，提示她她的工作对公司会有多么大的影响。

南希用4个行动计划来结束她的领导力规划时间，它们分别是：

（1）用当天午餐前的15分钟到员工中间走动。

（2）安排一次与老板的会面，讨论如何为员工创造一个更具目标导向的工作环境。

（3）周四召开团队会议时，花30秒时间就萨拉的积极态度对她予以认可。

（4）就丽莎撰写的报告，将其意义与薪水联系起来，这要花费一分钟的时间。

在可能持续半小时的与老板的会面之外，南希为自己确定了四个轻易可以实现的目标，每一个都只需要用几分钟。这些目标看起来似乎都不大，但它们是一个很好的开始，而且其中的两个目标会对两名员工（萨拉和丽莎）产生持续的影响。南希还为这些目标确定了时间和地点，这有助于确保目标得以实现。

【工程师——迈克】

迈克是一名工程师，在一家为小型船只设计发动机的海洋技术公司工作。他运用周一九分钟领导力规划时间已有好几个月时间。目前，他已经将员工的九大需求全部纳入领导力规划时间。让我们来看看他的规划时间。

1. 本周我要对谁表示真正的关心？ 迈克一直很喜欢每周到员工中间走动，因此了解员工的很多情况。对员工予以关心，改善了他与员工之间的交流和联系，他注意到，甚至团队会议看起来也比以前更有成效了。虽然迈克通常会在周五午饭后抽出时间到员工中间走动，但他也知道，珍妮特的妈妈病得很重，正在医院接受检查。迈克意识到，这一定让她非常担忧，所以想特意询问她现在的情况如何。他计划当天午饭前和她聊聊。

2. 我要向谁提供反馈？ 鲁迪是迈克的一名新直接下属，刚入职公司两个月时间。迈克决定花几分钟时间，就鲁迪正在做的项目给他一些反馈。迈克安排的时间是周四午餐前。

3. 我要对谁予以认可？ 上周当珍妮特不得不请假去医院看望母亲的时候，迈克注意到，史蒂夫除了完成自己的工作外，还主动承担了珍妮特的职责。这种自发行为是迈克乐于在团队成员中看到的，他决定运用认可规则，来强调史蒂夫的行为，将他的行为与其对团队其他成员产生的影响联系在一起。迈克决定在领导力规划时间结束后，立即去史蒂夫的办公室。

4. 我如何将某个员工工作的意义与其获得的薪水联系起来？迈克本周在报纸上读到一家人在海上漂流的故事。由于船只发动机出现故障，这家人一直在公海上漂流，两天后才最终获救。为了回答“我们为谁服务这个问题”，迈克计划在周三的团队会议上把这个故事分享给大家，以强调出色完成工作的重要性，提醒所有团队成员注意，所有人指望他们生产出高质量的发动机零部件。

5. 我要帮助谁成长？内森是迈克的一名员工，在领导力方面表现出了潜力。迈克决定让内森主持周五有关项目最新进展的会议。会议结束后，迈克计划就内森刚才的表现予以反馈。迈克会在他的领导力规划时间结束后，立刻给内森发一封电子邮件，告诉他有关会议的情况。内森会感到紧张，但也会准备好接受挑战。

6. 我要帮助谁获得自主性？在过去的几周里，内森在帮助员工获得自主性方面做了许多工作，比如帮助直接下属在如何完成任务方面拥有更多灵活性，征求一些员工对决策的意见，等等。基于此，迈克决定本周不在自主性方面制定任何行动计划。

7. 我能做些什么来增进团队的团结？在对团队动力问题进行了认真思考后，迈克对团队的整体士气感到满意，但上周发生的一件事引起了他的警觉。在上周五有关项目最新进展的会议上，关于某个设计该采取什么样的行动方案才是最好的，团队成员进行了激烈的辩论。一位名叫拉里的团队成员情绪失控，怒气冲冲地离开了会议。迈克决定，本周他要花3分钟时间提醒每一个团队成员，对设计有不同意见是可以的，有时甚至是必要的，这样才能设计出更好的方案。不过，关键是不要针对个人。迈克自己也是一名工程师，他知道可能存在的挑战，但他想提醒每一个团队成员，他们的最终目标是一致的。

8. 我可以在哪些地方注入一些乐趣？迈克觉得团队近期过得很愉快，所以他觉得没有注入新的乐趣的必要。团队的午餐时间总是充满了欢声笑语，看到每个人都开怀大笑，迈克感到很高兴。

9. 我需要为团队成员示范什么？除了试图在一些通常的价值观方面做出示范外，迈克还看到了继续示范坚持不懈品质的必要性。在接手项目时，迈克注意到，很多工程师很快就会产生挫败感，并跑来寻求帮助，而不是尝试自己解决问题。在过去的几周时间里，他一直在强调坚毅品质在处理工作任务时的重要性。他拒绝抱怨办公室里的事情，设法正面解决问题，藉此为大家做出示范。他记得杜鲁门在自己的桌上放了一个标签，上面写着“责任止于此”字样。两周以前，迈克做了一个类似的纸质标签放在自己的办公桌上。每个到过他办公室的直接下属都听说了这个故事。迈克决定本周继续强调坚持不懈这一品质。

迈克用如下几个行动计划，完成了他的领导力规划时间，它们分别是：

（1）关心。周五下午的时候到团队中走动，以及在当日午餐前询问珍妮特母亲的情况。

（2）征服。周二午餐前与鲁迪聊天，就其项目的进展给予反馈。

（3）认可。周一早上就史蒂夫上周主动承担珍妮特的工作任务对他予以认可。

（4）意义。周二召集团队会议的时候，把一家人在公海上漂流的故事讲给团队成员听。

（5）成长。给内森发一封电子邮件，通知由他主持周五关于项目最新进展的会议，会议结束后给予他反馈。

（6）自主。无行动计划。

（7）团队。在会上提醒团队成员，有分歧是可以的，但争论不能针对个人。

（8）乐趣。无行动计划。

（9）示范。勇于负责、不要放弃、不要抱怨。（“责任止于此”座右铭。）

迈克的领导力规划时间产生了7个行动计划，其中大多数行动计划耗时都不到1分钟。你还会注意到，有两个方面，他没有制订任何行动计划。虽然每个行动计划本身看起来都无关紧要，但这些持续的小计划可以防止他忽略自己的领导力优先事项。在以前，当迈克忙于赶在最后期限前完成任务时，他常常埋头待在办公室里，忽视自己直接下属的存在。现在，即使他忙得一塌糊涂，他也能够走出办公室到员工中间走动走动，了解员工的最新状况。

不需要时就不要设定目标

当读完这九大需求，你很快就会意识到，你已经在实践其中的一些需求了。比如，如果你在关心员工方面做得很出色，而且多年来你一直坚持到员工中间走动，将它们列入行动计划，就没有多大实际意义了。我们的目标不是创造更多的待办事项，而是要帮助你运用九大需求，让员工拥有出色的表现。如果你已经在每周对员工予以认可，那么你可能就没有必要将之列入你的每周行动计划了。

把不同需求放在一起

有些需求可以放在一起一同满足。假设你一直试图通过在某些特定领域对某位直接下属进行指导来帮助他满足成长需求，这些成长目标可能也满足了他的征服需求。通过对他的进步予以反馈，你可以将他带离跑步机，让他去攀登山峰。或者，在同样的情况下，你可能因为他在成长目标方面的进步而认可或奖励他，甚至可以利用这一机会将他的成长进步与意义联系起来。

这种结合很快就会成为习惯，它确实是一次性满足多种需求的好办法。

你会注意到，迈克和南希的领导力规划时间快捷而简单。他们并没有被太多会产生额外压力的任务压得喘不过气来。我还想再强调一次：有效的领导就是始终如一地做小事。很多管理者总想做太多事情。虽然这种想法可以理解，但往往适得其反。在有限的时间内做太多事情，往往使管理者抱有不切实际的期望。虽然最初的热情可能会在最初的几周里给你带来动力，但长期习惯的养成需要长时间的持续努力。慢慢来，相信这个过程。

创造属于你自己的山峰

在本书第六章，我们专门探讨了征服的需求。其中，我们讨论过攀登山峰而不是在跑步机上跑步的重要性。关键因素非常明确：最佳挑战性的目标以及持续及时的反馈。我们还讨论过自我测量能力的力量。渴望获得征服感的不只是你的直接下属。有时，领导工作就像在跑步机上无休无止地运动，管理者常常很难了解自己在领导员工方面的表现如何。周一九分钟规划时间是一个给管理者提供反馈的好工具。每个周一，你可以利用领导力规划时间，提出要在当周达到的一系列目标。这些领导力目标将创建一种记分板，用来测量你作为管理者的表现。在一周结束时，如果你能查看一下自己的九分钟领导力规划表单，发现自己已经完成了大部分行动计划，那么，你应该产生一种领导力成就感。周五离开办公室时，知道自己已经完成了领导他人的工作，那是一种美妙的感觉。

离卓越还有49,740步

如果将珠穆朗玛峰改造成一座楼梯，这楼梯有将近50,000级台阶。再加上恶劣的天气、缺氧和复杂的地形，你面对的将是一个巨大的挑战。虽然攀登任何一座山峰似乎都让人望而生畏，但每座山峰都是一步一步登上去的。每当你向前移动一小步，你离峰顶的距离就缩短一点点。“小步子”的挑战在于，它们看起来太小了。对于眼前的这座山峰，这样的一小步究竟有什么意义？不管你怎么看待这些“小步子”，正是这些微小的贡献叠加在一起，才缔造了伟大的成就。领导力也是如此。出色的领导力成果是成千上万个“小步子”的结果，我在本书中为你提供了许许多多这样的“小步子”。

当我们看不到立竿见影的进展时，我们往往很想离开这条路。快速解决办法和走捷径并不是高效领导力的组成部分。周一九分钟领导力规划的路线能把你带到峰顶，但前提是你必须经常性地迈出为你制定的那些“小步子”。有时，你可能想知道，询问玛丽儿子参加足球赛的情况或帮助乔伊认识到他的工作如何使公司受益，是如何转化成你的团队在最后期限前完成任务的。但是，一点一滴地，一步一步地，你的领导能力会不断提升，从而激发出周围人的最佳表现。当你的员工充分发挥其潜力时，你的记分板会自动运行，而且通常对你有利。

第十六章
九分钟领导力：远程工作篇

万事先难后易。

——托马斯·富勒

那些和员工不在同一个地点工作的管理者该怎么办呢？他们可能会想："我喜欢九分钟领导力的概念，但我的员工不在我身边工作，我们从未见过面，书中的内容对我还管用吗？"

是的，也是管用的，但有几件重要的事情要认识到。"九分钟领导力"基于两个理念。第一，员工有一些持续的需求，当其得到满足时，能够提高员工的敬业度和工作效率；第二，周一九分钟领导力规划时间是一个有效的工具，能帮助你以可管理的方式满足这些需求。将这个工具和实用的点子结合起来，能给你提供一个有效的体系，帮助你提升领导力。不论你的员工是在大厅里办公，还是远在千里之外的地方办公，这些原则都是适用的。然而，就远程员工而言，这些原则的实际运用可能会有所不同。就像异地恋有其挑战一样，领导远程办公人员也是如此。如果能做些我们接下来将要讨论到的调整，本书对远程办公者依然有效。

关心

你和员工在不在一起工作，这并不重要。他们仍然希望知道自己不仅仅是一个数字，他们更喜欢杰克爷爷，而不是大阿尔，那个二手车销售员。实际上，远程办公的一个不利之处是，缺乏在办公室环境下长时间自然建立起来的同事之情。在建立信任纽带方面，这种关系至关重要。因为你不经常与远程办公员工见面，“眼不见，心不挂”总是一种危险，可能导致与员工之间产生隔阂。当交流仅限于信息分享时，隔阂可能会进一步扩大。在典型的办公室环境中，你不由得会碰见直接下属，无论是在餐厅，还是在电梯里。这些小的接触点虽然貌似微不足道，却能在增加熟悉度、日常信任方面发挥巨大作用。我们面临的挑战是，在远程环境下，重建这些小的接触点。

如果你只通过打电话和员工联系，或者更糟的是，仅仅通过电子邮件方式和员工联系，询问玛丽儿子周末足球赛的情况等更私人性质的问题可能会有些尴尬。毕竟，专门打电话表达对某个员工的关心，可能让人觉得有点奇怪，除非你们在关系之初已经建立起了这种模式。确保每周安排时间与每名直接下属进行交流，是有帮助的。这样做，不仅有利于提高工作效率，还能确保你和每一名员工保持定期接触。如果你能在20~25分钟之内谈完大部分正事，那就把通话的时间安排为30分钟。谈完工作之后的剩余时间，是你和员工小聊片刻、真正关心他们的绝佳时机。如果你在电话里只谈工作，就无法建立驱动员工更加敬业所需要的那种信任。

到远程办公的员工中间走动，这是不可能的，但一些创造性的方法可以弥补这一缺憾。方法之一是，每当你有好消息要分享的时候，不要群发电子邮件，直接打电话给每个直接下属。当你出乎意料地给直接下属打电话告诉他们好消息时，这会自动改变电话交流的动力，为你提供一个将话题从分享好消息转向询问员工相关信息的更自然的机会。

征服

在你同远程员工打交道时，征服和成就的原则至关重要。如前所述，员工渴望得到反馈，迫切想知道自己处于什么样的位置。如果缺乏反馈，员工就会观察周围的环境寻找其他线索——可能是他们的同事——来评估自己的进步。当员工远程工作时，除了他们自己和管理者的评价外，没有别的线索可以评估他们的表现。他们没有机会在大厅对面看到比他们表现好或落后于他们的拉里，从而获得有关其工作的反馈。

这就是为什么明确的目标和持续不断的反馈，对于一个远程工作者来说，可能比在办公室环境下工作的人更为重要的原因。远程工作的员工希望你知道他们工作很努力，他们想知道自己的表现如何。远程工作的员工在工作中拥有心流状态发生的所有条件（明确的目标、最适度的挑战和及时的反馈）是十分重要的。在每周的领导力规划时间里，务必列出你可以给直接下属提供的具体反馈，以便他们了解自己的表现如何。

认可

再次强调，和远程员工打交道的不利因素在于，你无法了解他们的日常表现。如果他们为完成某个项目加班加点，你可能永远不会知道。当他们不在你的听力所及范围之内时，你很难知道他们在与某个客户电话交流时是否表现出色。再次重申，认可员工只需要你付出多一些的专注和关注。记住，人们都有被重视的需求。当员工远程办公时，他们大部分被重视的需求只有你能予以满足。虽然你对他们的认可主要基于他们所取得的成就，也要睁大眼睛寻找机会认可他们的品质和行为。远程员工可能事实上需要更多认可，因为他们缺乏在正常的面对面团队环境中工作所带来的其他情感上的好处。

意义

在将工作的意义与薪水联系起来方面，远程员工面临着特殊挑战。他们不在实体公司里办公，可能会妨碍他们的视线，使其看不到自己的工作对整个公司的奉献，因而无法获得满足感。寻找一些领域，将本书第八章讨论过的三个与“工作的意义”有关的问题中的一个与其发挥的作用联系起来。还要确保让他们知道，他们的工作如何对公司总部的某些员工产生了影响。这可以通过将你从其他员工那里收集到的评论甚至表扬信传递给他们来实现。

成长

无论是否远程工作，员工都渴望成长。远程员工面临的挑战是："眼不见，心不挂。"我们在第十章讨论的所有问题都与远程员工有关。了解每名直接下属需要在哪些领域获得成长才能变得更有效率，这是非常重要的起始点。通过电话方式进行指导能够产生良好的效果。帮助远程员工成长的最大挑战是设置成长流程并始终坚持执行。和在办公室里工作的员工一样，远程员工可以很轻松地接受培训和指导。

自主

远程工作的好处之一是员工享有自主性和自由度。因此，自主性通常不是远程办公的直接下属面临的问题。然而，远程办公的人不在公司总部办公，并不意味着他们在如何履行自己的职责上会产生一种自由感。认真考虑每位直接下属的职责描述，看看是否存在不必要的官僚主义或繁文缛节，仍是一个很好的做法。在远程员工擅长的领域，向他们寻求建议，是一种表达尊重的方式。让远程员工参与决策过程，还能增强他们的认同感和责任感。

联系

在建立联系方面，远程团队构成特殊的挑战，我们对此要有现实的期望。试图通过电话或网络打造一只具有凝聚力的团队是很难的，但并非没有可能。不过，如果你不需要直接下属进行互动和团队协作，那么你最好和他们单独打交道。只有在他们有共同的目标时，团队才有意义。在你确实需要他们作为一个统一的团队来运作的情况下，关键是要利用技术，将技术与一个始终如一的架构结合起来，为远程员工提供互动的机会。

利用技术

有多种方法可以让你同团队进行虚拟联系。现如今，互联网速度已经足够快，可以及时传输视频，让你有可能与你的远程员工进行面对面交流。近期一位和我交谈过的管理者参加了一个地区性会议，来自全国各地的其他团队都是通过线上参与进来的。他承认，第一个小时似乎有些尴尬，但很快就适应了，感觉与那些分散在全国各地的同事们建立了一种意想不到的联系。一开始看似奇怪的事情，很快变成了常态。一些在家办公的远程员工，想到通过网络摄像头参加会议，可能感到很难堪。

对一些人来说，这意味着他们要换掉睡衣，将他们一直视为办公空间的餐桌清理干净。有些人担心他们的孩子或宠物狗会闯到镜头里来。你可以告诉员工，这样是可以的，而且是远程工作文化的一部分，这样可以减轻他们的顾虑。

成为催化剂

虽然你不能给在西雅图的鲍勃打电话，让他带着圣地亚哥的杰瑞出去吃午餐，但你仍然扮演催化剂的作用，把大家聚在一起。我知道有一家公司，让它的员工与其远程工作人员合作。可以预料，他们每周都会进行交流。我曾和该公司的一名管理者聊天，起初他觉得这种安排没有什么吸引力。但随着时间的推移，他认识到了解其他同事的好处。他开始期待这些电话会议，这给了他一个讨论他所面临的问题和挑战的机会。这有助于建立团队关系，也减轻了老板的一些压力——当遇到挑战的时候，老板不再是他们唯一要去求助的人。

面对面

当然，提振远程团队士气的最好方法，是一年有几次面对面的见面。一位管理者告诉我，当他的团队有机会在公司总部见过面之后，团队成员间的关系和气氛完全变了。现在，无论是通过电话，还是使用电子邮件与员工交流，他的脑海里都会浮现出他们真实的面庞。

乐趣

无可否认，在远程工作的环境下，享受工作乐趣是一个挑战。在办公室里，会有无数自发的乐趣、引人发笑的小意外，还有意想不到的欢乐时光。一个人居家办公，会严重阻断你与这些欢乐时光的联系。如前所述，乐趣之所以重要，基于很多原因，比如，减压、社交纽带和创造性思维。一旦离开办公室工作环境，许多远程办公人员会怀念这种乐趣。

工作场所中的大多数乐趣时刻，通常是几个人在一起时产生的。听到一个人独自在自己的办公室隔间里狂笑，会让人觉得怪怪的。融入乐趣的最佳方式是在团队层面进行。这就是为什么定期联系团队成员是一个好主意的原因。当你拥有强大的团队活力时，乐趣自然产生的机会就会更多。针对远程团队，你可以做一些创造性的事情：办公室赌球游戏、某种形式的比赛或讲一些反复讲的笑话。互联网也为你提供了可以利用的海量乐趣素材。比如，你可以指定团队里的某个人，让他每周找一个超级好笑的笑话在会上分享，或者让另一名成员去找一段表现滑板爱好者愚蠢动作的最佳视频。享有乐趣只需要一点儿催化剂。如果你注意到远程工作团队已经很久没有享受过乐趣了，或许可以和他们一起头脑风暴，讨论如何让工作轻松一些的点子。这一切不一定都要你一个人来承担。

示范

远程工作通常意味着员工要独自工作。无论员工是频繁出差，还是居家办公，他们通常不可能有一个可以效仿的真人榜样。但还有其他办法可以为远程员工提供典范，本书第十三章的原理对他们仍然适用。虽然你的直接下属可能无法每天看到你为他们做出的榜样，但他们可以听到你的榜样事迹。下面是如何树立典范的一些建议。

培训

通过培训，你可以着力强调你的思维方式和自我管理方式。就哪些对你是管用的提出建议，可以为你的团队成员提供示范，帮助他们指导自己的行为。

故事

将你的经历以故事的形式讲给直接下属听，你即是在向他们传达有关你重视什么、你如何工作的有价值的信息。人们天生喜欢故事，因为故事能在人们的脑海中描绘出生动的画面。当你想引起员工对某项你需要他们效仿的品质的关注时，给他们讲一个你过去是如何表现这种品行的故事。故事是传递信息的载体。

主题

每月为团队提供一个主题，用以指导和引导团队成员的行为，是制订团队行为目标的一种方式。它给了你一个树立榜样的机会，并为你的直接下属提供了仿效的标准。经过一段时间后，团队成员会形成自己的想法，这些想法可以在团队会议上分享，以强化主题。

交流

最后一件我再怎么强调都不为过的事情，是适当交流的需求。对远程员工来说，没有什么比交流被误解更让人感到不安的了。面对面交流时，人们利用各种感官来解码信息，比如声音、语气、肢体语言、音量及信息本身。当我们使用电子邮件交流时，我们会把70%的信息去除，只剩下屏幕上的文字。最近，一位管理者告诉我他的一位直接下属是如何被他发出的一封电子邮件冒犯的。在为此难过了几天后，下属回复邮件，要求他予以澄清。看到自己最初的邮件时，他感到震惊。原来他拼错了一个单词，本来他要写的是“他们要注意……”，却不小心写成了“你要注意……”。如果是在和员工面对面交流时出现这个错误，他会当场纠正过来，其他肢体暗示也会很明显地表明，他不是叫她多注意，而是指那个客户。这些就是与远程员工交流存在的风险。只要有可能，尽量通过电话或视频与员工交流，而不要选择电子邮件。仅仅通过屏幕上的文字传达信息，会给误解留下很大的空间。多花一分钟时间进行适当的交流，你的远程员工会收获快乐和成长。

远程员工对领导力构成了巨大挑战。在这种情况下，管理者需要付出更多关心和注意力。从好的方面讲，远程员工似乎少了些需要应对的办公室政治和闹剧。同时，伴随着技术的进步，远程工作的团队成员也可以保持良好的关系。针对远程员工，你也可以使用周一九分钟领导力规划时间模板，就如同针对在同一座建筑办公的员工一样。你只需做一些我们在这里提到的调整。当你满足远程团队的九大需求时，你会注意到，他们的士气、敬业度和动机水平会逐步得到提升。

致　谢

写书和登山有很多共同之处。二者都需要研究和大量的准备工作，之后是漫长而艰辛的写作、修改、校对和再修改。整个过程令人精疲力竭，至少对我来说是这样的。我得出的结论是：写书比登山还难。

正如山峰无法一个人独自攀登一样，如果没有我的“登山团队”的帮助，我也不可能完成这本书的写作任务。首先，我的妻子和三个孩子为我提供了持久的支持。在被称之为生活的探险之旅中，我很幸运与这四个人绑定在一起。你们让我的生活之旅激动人心、变幻莫测。我爱你们。

在这次探险之旅中，我母亲是我的领队。她支持我，她召唤我爬得更高，鼓励我坚持更久，修正我一个又一个错误。本书的4个章节在电脑上神秘消失后，她甚至不得不对它们予以重新编辑。尽管我已经40多岁了，但我的父母依然陪伴着我，鼓励我不断向前。

我弟弟是一位科学家和管理者，也为本书的写作出了力。他帮我进行编辑，还提出了一些建议。他忍受了为了完成这个项目而进行的最后一次编辑工作所要求的不太现实的最后完成期限。

最后，我要感谢麦格劳·希尔公司的诺克斯·休斯顿。他碰巧出现在“周一九分钟领导力”培训会现场，其时，我正在发表演讲。我欣赏他对这个项目的远见卓识。